提问力

只需2个法则
就让对方吐露心声

[日] 牛窪万里子 著

刘海燕 译

難しい相手もなぜか本音を話し始める
たった2つの法則

入門・油田掘メソッド

中国原子能出版社　中国科学技术出版社

· 北　京 ·

MUZUKASHII AITE MO NAZEKA HONNE WO HANASHI HAJIMERU TATTA
FUTATSU NO HOSOKU NYUMON YUDEN BORI METHOD by Mariko Ushikubo
ISBN: 978-4-296-11216-6
Copyright © 2022 by Mariko Ushikubo
All rights reserved.
Originally published in Japan by Nikkei Business Publications, Inc.
Simplified Chinese translation rights arranged with Nikkei Business Publications, Inc.
through Shanghai To-Asia Culture Co., Ltd.
Simplified Chinese translation published in 2024 by China Science and Technology Press Co., Ltd.
and China Atomic Energy Publishing & Media Company Limited.
北京市版权局著作权合同登记　图字：01-2023-2564。

图书在版编目（CIP）数据

提问力：只需 2 个法则就让对方吐露心声 /（日）牛窪
万里子著；刘海燕译 . — 北京：中国原子能出版社：
中国科学技术出版社，2024.1
　ISBN 978-7-5221-2990-7

　Ⅰ . ①提… Ⅱ . ①牛… ②刘… Ⅲ . ①人际关系学—
通俗读物 Ⅳ . ① C912.11-49

中国国家版本馆 CIP 数据核字（2023）第 180170 号

策划编辑	王碧玉	文字编辑	童媛媛
责任编辑	付　凯	版式设计	蚂蚁设计
封面设计	潜龙大有	责任印制	赵　明　李晓霖
责任校对	冯莲凤　邓雪梅		

出　　版	中国原子能出版社　中国科学技术出版社
发　　行	中国原子能出版社　中国科学技术出版社有限公司发行部
地　　址	北京市海淀区中关村南大街 16 号
邮　　编	100081
发行电话	010-62173865
传　　真	010-62173081
网　　址	http://www.cspbooks.com.cn

开　　本	880mm×1230mm　1/32
字　　数	95 千字
印　　张	5.75
版　　次	2024 年 1 月第 1 版
印　　次	2024 年 1 月第 1 次印刷
印　　刷	北京盛通印刷股份有限公司
书　　号	ISBN 978-7-5221-2990-7
定　　价	69.00 元

序

致不擅长说话的你

大家好，我是自媒体主播牛洼万里子。我曾在饮品制造商三得利公司工作，之后转行担任了 NHK（日本广播协会）的主播，现在又独立出来，创办了子午线股份有限公司（一家以主播和采访记者为主的自媒体演艺公司），继续从事跟谈话相关的工作。

本书介绍的第 1 个法则"油田开采法"指的是，通过聊天，让对方吐露心声的新式倾听法则。

让对方吐露心声，不仅能增进亲人朋友间的感情，在商务场合也意义重大。美国营销学家菲利普·科特勒（Philip Kotler）曾说过："顾客需求有两种类型。"

一种是"显性需求"，是顾客自己已经明确知晓的、能清楚表达的需求。如"肉和蔬菜的话喜欢肉""喜欢浅蓝色的西服"这样，能够用简单的语言表达出来的需求。

另一种是"隐性需求"，因顾客自己尚未想到，所以不会用语言清楚表达出来，甚至于顾客自己还没意识到有"那个需求可以得到满足"这种可能性的需求。可以说，这就是顾客的"心声"。<u>只要能找到隐性需求，顾客的满足感将大幅提升，顾客黏性就会增强。</u>

隐性需求的重要性不言而喻，即使对方不是顾客也是如此。假如知晓上司的隐性需求，就会提升自己在对方心目中的形象；了解下属的隐性需求，就能更容易做到知人善用，或是尽早处理下属的不满情绪。不管是在私下关系的处理上，还是在商务场合中，寻找隐性需求——也就是探究对方心声的技巧，都能在广泛的领域中发挥作用。

要探究对方的心声，必须要学会适度"提问"。大家有没有过这样的经验，就是通过向对方提问这个契机，反向地让对方注意到自己的想法？

然而比较难的一点是，当你直接询问对方"你真正的需求是什么？"时，对方不会告知你他的真实想法（心声）。不管怎么说，心声是"隐性需求"，所以多数情况下本人是难以觉察的。油田开采法就是挖掘隐性的心声，让对方意识到自己的"潜意识"的一种方法。

我经历过这样一件事。在一个跟交流有关的研讨会上，我对一名参加者进行了油田开采式的深度采访。

当时我向他提出的第一个问题是"你喜欢什么颜色？"，那人的回答是紫色，然后我又追问了他喜欢紫色的原因，他告诉我紫色是他已经去世的祖母曾经穿过的和服的颜色。

但是，他同时又说："我不喜欢祖母。"

"为什么你会喜欢上自己讨厌的人喜欢的颜色呢？"我继续问他。他沉默了。然后，在接下来的采访里，我明白了。他"不喜欢祖母"是因为祖母没有全心全意地爱过自己，所以他感到很难过。这才是他内心的真实想法。他其实是很喜欢祖母的。像这样，在人的意识的背后，有时隐藏着完全相反的情感。油田开采法有时会发掘人的情感，让人们意识到"原来真相是这样的啊"。

还有一点很重要，那就是"任何人都能学会"油田开采法。很多人觉得自己不擅长说话，认为自己没有交流天赋和聊天经验，不能选择合适的话题，也无法进行灵活的回应。油田开采法是不需要交流天赋和聊天经验的。

之所以这么说，是因为油田开采法的核心在于进行适度的"鹦鹉学舌"。从某种意义上来说，它是一种可以由听众来

<u>进行提问的技巧。</u>理解了这个核心点，即使是不擅长说话的人，也可以在第二天就立刻开启实践来验证成效。

本书第 1 章将解说油田开采法的精髓。只看第 1 章，你就能了解到它是基于什么理论，为何能让对方吐露心声，为何适用于所有人。第 2 章、第 3 章，本书将介绍提升油田开采法效果需要做的准备及其相关技巧、避免失败的方法等。

第 4 章的内容是介绍本书提到的第二个法则，开发油田开采法的基础方法——"语言行为量表对照法"及其运用方法。了解语言行为量表对照法，可以提升油田开采法的效果，它除了能帮助我们"听到心声"，还能帮助我们达成其他目的。

第 5 章将展示各种谈话场景下应用油田开采法与语言行为量表对照法的具体案例。第 6 章中，我将介绍一些技巧，来帮助人们掌控交谈的氛围，并给对方留下好印象。

交流能力的强弱也是在商务场合下决定胜负的一大要素。不少人觉得自己没有交流天赋便不知如何来交流。然而，交流能力是能从现在开始得到提高的。我相信，适用于所有人的油田开采法将帮助觉得自己不擅长说话的你，提高自己的语言表达能力。

目录

**第5章　实践篇：油田开采法和语言行为量表
对照法这时也能起作用！ – 123**

**第6章　提升篇：成为高水平交流者的
说话诀窍 – 155**

第 1 章

基础篇：

能让对方吐露心声的"油田开采法"是什么？

一、油田开采法是什么？
留心关键词并"深入发掘"

　　听到"油田开采法"一词，或许有很多人疑惑为什么是这个名字？"油田开采法"是与"露天开采法"相对的一个词。

　　矿山挖掘法之一的露天开采法，是指矿床离地表很近时，不用深入挖掘矿道，只在地表进行大面积挖掘的方法。而开采石油时，则必须先钻深井。"油田开采法"这个名字就是这样诞生的（图1-1）。用一个简单的说法来解释，就是问对方问题时，"宽泛而浅显的提问"属于露天开采法，"深入且针对性强的提问"属于油田开采法。

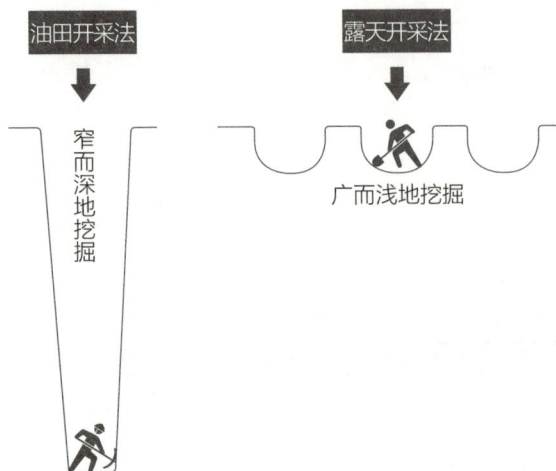

图 1-1　油田开采法和露天开采法

　　只这么说或许难以给你留下深刻的印象，所以我们先用一个现实里的交谈示例来做个比较吧。假设一位记者要向某位画家采访有关画画的内容。

　　如果用"露天开采法"的话会是这样的：

　　记者："您的兴趣是什么？"

　　画家："画画。"

　　记者："画什么画呢？"

　　画家："风景画。"

　　记者："您有多少张画作了？"

画家："我没数过，但有很多了。大约一万张吧……"

记者："您画画快乐吗？"

画家："是的。沉浸式画画时我能全身心投入其中，而完成作品后，又会油然升起一种满足感。"

与此相对，用"油田开采法"来采访会是这样的：

记者："您的兴趣是什么？"

画家："画画。"

记者："画什么画呢？"

画家："风景画。"

记者："您的风景画主要画哪些场景呢？"

画家："我主要画平民区的风景。"

记者："平民区的风景……那有没有一些印象深刻的回忆呢？"

画家："啊，我自幼在平民区长大，那里的风景令人怀念，是我无法忘却的。我想把它留在画作里。"

记者："您想把它留下来的契机是什么？"

画家："我看到因为街区开发，以前的风景慢慢变了，我不想遗忘这些风景，这是第一个契机。此外，我还有一个远大的梦想，就是想把以前的风景流传后世，便开始画这个了。"

怎么样？明白其中的区别了吗？

二、露天开采法和油田开采法
两种提问方法的区别

到"风景画"的内容为止，画家的回答都是相同的。但是，从这个回答之后，提问的走向就发生了变化。在露天开采法的事例中，记者接下来的一个问题是"您有多少张画作了？"。这是记者觉得已经问了画的类型，接下来就该提问画的"数量"了。然后，知道了画作有大约一万幅，又可以问下一个诸如"您画画开心吗？"这样的另外一个问题了。显而易见，这样的做法是在宽泛而浅显地依次询问不同的问题。

在另一个活用油田开采法的事例中，"您的风景画主要画哪些场景呢？"这个问题针对的是画家回答的"风景画"进行的深入发掘。画家回答"平民区的风景"后，记者围绕"风景画"进行进一步深挖，继续提问"您对平民区有没有一些印象深刻的回忆？"。深挖一个话题，是油田开采法的提问特征。

你注意到了吗？油田开采法一定是一边重复"对方回答中提过的关键词"，一边进行下一个提问。

"风景画"→"什么地方的风景画？"

"平民区的风景画"→"有没有对平民区的风景的回忆？"

"想把它留在画作里"→"想把它留下来的契机是什么？"

像这样，留意对方说过的关键词，把它重复使用到自己的下一个问题中，这是油田开采法最重要的技巧。照这样来做，就容易让对方发现自己"尚未意识到的"想法及心声。看了这两个采访事例，你应该就能明白同样数量的问题，使用油田开采法提问能更进一步地引导出画家内心真实的声音。

为什么"重复对方提及的关键词"能更进一步地引导出对方的心声呢？在我解说具体的油田开采法的实践方法之前，先来解说一下这种方法所依据的理论。

｜ 三、谈话内容走偏的原因

例如下面的事例——下属找上司商量讨论。

下属："我想掌握更多的营销本领……"

上司："是吗，你觉得你哪里不足？"

下属："啊？嗯……"

上司："（欸，怎么拐到这个话题上来了？）"

这个事例中，上司原本想自然地把话题继续下去，但下属却不知怎么接话了。或许有很多人会跟这位上司一样，对下属的反应抱有疑问。可是这种场合下，<u>谈话中断的原因在</u>

于上司提的问题。

面对找自己商量"想掌握营销本领"的下属，上司问的是"你哪里不足？"。仔细想一下，下属根本就没有提过自己有"不擅长的领域"。"想提升营销本领，也就是说在营销方面有不足之处吧？"这只是上司自己单方面的判断。从下属的角度来说，他的来意并非是为了克服自己已经发现的不足之处，所以突然被问到"哪里不足？"，他就会瞬间不知所措。

那么在这种情况下，为了了解下属真正想找自己商量的内容，问什么问题比较好呢？一种正确的做法是问出下面的一句话：

"你觉得营销能力是指什么？"

是的，要想正确理解对方的话语，就有必要知晓对方用的词语的含义（在这个例子中指的是"营销能力"）。因为即使是自己了解的词语，对方想表达的也可能是另一个意思。这就是在油田开采法中，需要重复对方提及的关键词的理由。

四、对方的心声
在"关键词"背面

　　一个人说出来的话，仅能表现出他想传达的意图和信息的一部分。话语背后，隐藏着具有庞大信息量的"未尽之言"。

　　大家平时应该听过一些不甚详尽的表达吧。比如说，在公司里上司有时会询问"那项工作进展如何？"，这句话中就省略了"那项工作是什么"这样的内容，而部下听到这句话，可能会误会上司这是在询问自己的工作内容。

　　即使不像这个例子那么典型，日常生活中也经常会出现其他的语言省略现象。"这个化妆品效果良好""那个人很优秀"，这些话完全省略掉了"良好的效果是指什么效果？""优秀是基于哪种标准，谁决定的？"这样的信息。"这个商品有些贵"这句话当中就缺乏"贵，是与什么来做比较，用怎样的标准来比较？"的内容。要想深入了解对方的想法，就有必要理解这些"未尽之言"。

而且还有一个问题就是，即使是同一个词，每个人的感受也是不一样的（图 1-2）。比如说，"人生"这个词，对于生活幸福的人来说是积极的词语，而在那些生活艰辛的人听来便可能是个消极的词语了。对方表达的话语背后，隐藏着"他对该词句的真实感受"这一信息（关于这一点，我将在第4 章中进行详细解说）。

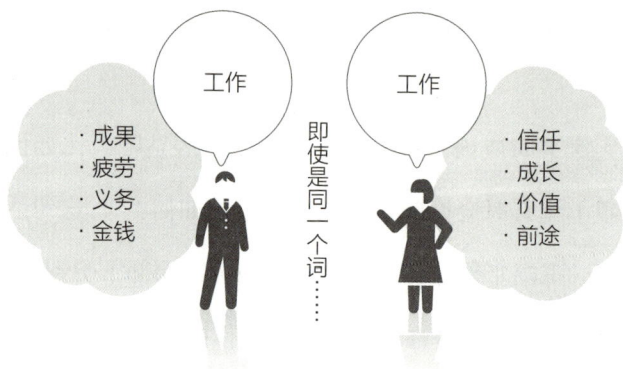

图 1-2　同一个词，背后的意思也不尽相同

因此，对于对方表达的话语，若是在自己随意解读的基础上来答复的话，对方就会感到不适，觉得"自己说的话没有被正确地理解"。结果就是，对方会对你关闭心门，你也无法再探听到他的心声了。

还需要注意的是，重复对方说过的话不要更换另一种表达方式。例如，对方说"信赖很重要"时，你回"是啊，信用这种东西很重要啊"。这样的话可能会让对方感到不适。对于你来说，"信用"与"信赖"可能几乎是同一个词，但在对方看来可能就是天差地别。

像这样，谈话发生分歧的原因在于很多场合中自己"没注意到对方的话语背后隐藏的意思"，"对方和自己对同一个词的理解是不同的"。

然而，油田开采法能帮助你理解对方原话里的关键词的意思，并便于你使用对方的原话进行下次提问。这样的话，对方就不会感到不适，也会更愿意向你敞开心扉了。在此基础之上，你再不断地通过提出"（刚才您使用过的）这个词语的意思是什么？"这样的问题来弄清楚词语的意思，就能引导对方吐露出话语背后隐藏的真实想法。

而且，这个技巧因为只需要类似鹦鹉学舌式地不断重复对方话语里的关键词，并不要求人具备慧心妙舌、能说会道的能力，所以比起自己动脑筋摸索着从零开始提问，它更容易上手。还有一个好处就是，如果对方的回答出人意料，谈话逐渐走偏时，只需重提对方刚才说过的关键词，就能轻松地修正谈话的方向了。

大家明白了刚才我说的油田开采法的思维及其优势了吗？接下来我来介绍运用该法则的具体流程。

五、实践！油田开采法的流程图

接下来，我们来看一下运用油田开采法法则的具体流程。假设你是一名领导，想要询问部下对工作的满足感如何。

首先，我将通过具体的谈话来介绍在这种情况下如何展开提问。谈话之后会有讲解内容，所以请大家先看一下这段谈话。

【油田开采法的实践案例】

场景：上司想听取下属"对工作的满足感如何"

上司："你觉得现在的工作怎么样？"问题①

下属："我觉得很有价值。"回答①

上司："在哪个方面感觉到了价值呢？"问题②

下属："对我来说，它经常充满着挑战，让我觉得自己的工作层面拓宽了。"回答②

上司："工作层面拓宽了具体是怎样体现的呢？"问题③

下属："客户慢慢增加了。"回答③

上司："实际工作中，你应对过怎样的挑战呢？"问题④

下属："我能给各种不同类型的客户做出方案。当那些方案被客户采纳，让客户满意时，我就觉得能做这份工作真的是太好了。"回答④

怎么样？这段对话中，上司通过 4 个问题了解到了下属对工作的满足感很高，而且还附带知晓了其原因主要在于"为客户提出方案并被采纳"这一点。

那么，上司面向下属提出的多个问题是怎么被挑选出来的呢？这里我将进行详细解说。

问题① "你觉得现在的工作怎么样？"

想听取下属对工作的满足感如何，若直接问"你对工作的满足感有多少？"，是得不到你想要的答案的。突然被上司问这样的问题，一般也没有下属会直接回答内心的真实想法吧。也许他们会觉得"回答满足感低的话，或许会招致上司对自己的不满"。

事实上，<u>最适合用作油田开采法第一个问题的，是平淡普通的提问。</u>"什么感觉？""感觉如何？""怎么样？"之类的总能让对方说点什么，是容易回答的问题，从这些问题开始提问是运用油田开采法的诀窍。

因为油田开采法的提问目的是让对方说出关键词。只是，<u>若问题过于具体的话，就会变成由提问者设定关键词了。</u>

例如，问"工作充实吗？"，就给出了"充实"这个关键词。于是，回答问题的下属就会认为必须围绕"充实"进行回答，便无法吐露自己真实的声音了。而上司希望"下属对工作感到充实"，所以下意识地就问了这样的问题，反而变成了强行让对方接受的谈话。

油田开采法的要点 1

提问时用"怎样""怎么样""如何"等词语，不要用自己的、过于具体的关键词！

那么，我们来看下一个问题吧。

<u>回答①</u> "我觉得很有价值。"

→ <u>问题②</u> "在哪个方面感觉到了价值呢？"

从这里开始，就找到并重复了对方说过的关键词，油田开采法最重要的部分便开始了。

问题①中，下属回答："我觉得很有价值"。从这个回答可以判断，成为油田开采法关键词的必然是"价值"这个词。这好像也是与想要探听的"工作满足感"的内容相关联的关键词。因此，上司直接就把这个词用到下一句询问上："在哪个方面感觉到了价值呢？"

像这样，油田开采法中重要的一点是，<u>直接重复用对方用过的词语。这时，不要自己换别的词，也不要随意解释。</u>比如如果下一个问题是"工作中什么时候最有干劲？"，就是将"价值"换成了"干劲"。

对这位下属而言，价值和干劲也许是完全不同的两码事。至少，随意置换词语，有很大的可能性会让人对提问的内容产生不适，从而变得难以引导回答者说出心里话。

油田开采法的要点 2

直接把对方提过的关键词使用到下一个提问中，不要把关键词换成自己的用词！

接下来是第三个问题。从这里开始难度加大了。

回答② "对我来说，它经常充满着挑战，让我觉得自己的工作层面拓宽了。"

→ 问题③ "工作层面拓宽了具体是怎样体现的呢？"

使用下属用过的"价值"这个关键词提问，下属变得更容易接话了吧。回答②中出现了"挑战"和"工作层面"这两个关键词。那么，接下来该怎么办呢？

像这样，同时出现多个关键词在实际的对话中并不少见。在这种情况下，身为提问者的自己要选择更吸引人的、让谈话便于开展的关键词，再来尝试油田开采式深挖。即使是单刀直入地使用"对工作的满足感如何"这种接近本次提问最终目的的问句都可以。如果选择失败了，后面的问题只需要回到另一个关键词就可以了。

油田开采法的要点 3

出现多个关键词时，首先要选择让人感兴趣且有利于展开对话的关键词，之后回归另一个关键词也可以！

问题③先选择了"工作层面"这个关键词进行了油田开采式发掘。"工作层面拓宽了具体是怎样体现的呢？"这个问句没有出现提问者自己的关键词，而是用了"怎样"这种平淡的询问。

于是，下属回复的回答③是"客户慢慢增加了"。这是一个很难做油田开采式发掘的回答。使用引导对方吐露心声的油田开采法是<u>引导对方做出关于"价值观"的回答的捷径。</u>然而，回答③只是回答了事实，并没有显示出下属的思考及价值观。而且，也跟提问的目的"工作的满足感"看上去相差甚远。

幸运的是，回答②里已经包含了"挑战"这一关键词了。这个词看上去是跟工作满足感相关的。所以下一个问题就切换到这个关键词，在此基础上深挖。

<u>回答②</u> "对我来说，它经常充满着挑战，让我觉得自己的工作层面拓宽了。"

→ <u>问题④</u> "实际工作中，你应对过怎样的挑战呢？"

从某种意义上来说，这是直接跳过了回答③，又向回答②里提及的第二个关键词发起了提问。这里也是原封不动地用了下属的关键词，然后用"怎样的"这种常见的疑问词进行看似不经意的提问。

在这里，上司其实还可以再下一点功夫，比如"拓宽工作层面的挑战具体有哪些？"，类似这样，加入两个关键词来提问。总的来说，这个法则的基本要义就是聚焦任意一个关键词提问，即使关键词类似也可以用这一招。对较难接话的"工作层面"这样的单个关键词，若关联上"挑战"这样的词语，也许会丰富前者的含义。

油田开采法的要点 4

希望对方回答"价值观"，而非谁都知道的客观事实，如果对方出现只回答客观事实的倾向，就试着替换切入别的关键词！

面对问题④的提问，下属用回答④中的"能做这份工作真的是太好了"来回答了。这个例子中，上司想听到下属内心中的"工作满足感"，下属用"太好了"这个跟满足感相关的情感词语来表达，从某种程度上来说，此时上司便完成了此次询问的目的。

而且，上司也知道了下属工作满足感高的原因是"客户通过了自己的方案，且方案让客户很满意"。这位下属因为成功完成了这样的"挑战"所以感受到了工作的价值，那么今后再让他负责更多类似的工作，想必也能看到他的成长与成绩。

我们再来看一下可以引导"下属说出工作满足感如何"的油田开采法的实践案例。

【复习】油田开采法的实践案例

场景：上司想听取下属"对工作的满足感如何"

上司："你觉得现在的工作怎么样？"问题①

要点：第一个问题不要出现关键词，要从平淡普通的问题开始。

下属："我觉得很有价值。"回答①

上司："在哪个方面感觉到了价值呢？"问题②

要点：找到"价值"这个关键词，把它加入下一个普通的提问中。

下属："对我来说，它经常充满着挑战，让我觉得自己的工作层面拓宽了。"回答②

上司："工作层面拓宽了具体是怎样体现的呢？"问题③

要点：**因为出现了"挑战""工作层面"这两个关键词，所以就先尝试着用一个。**

下属："客户慢慢增加了。"回答③

上司："实际工作中，你应对过怎样的挑战呢？"问题④

要点：**因为下属回答的是客观事实，跟价值观的内容相差甚远，所以下一个问题就换成另一个关键词"挑战"来进行油田开采式的深度挖掘。**

下属："我能给各种不同类型的客户做出方案。当那些方案被客户采纳，让客户满意时，我就觉得能做这份工作真的是太好了。"回答④

要点：**引导对方回答与价值观相关的内容，达到目的。**

在本章中我们看到了运用油田开采法的基本思路和具体流程。可能还有朋友会有疑问，担心是否真的能顺畅地引导对方吐露心声。相信只要你实践一次，肯定会感叹："只用改变一下提问方式，居然发现对方会有那么大的变化。"

即使你只学了第1章，我认为从某种程度来说你就可以实践油田开采法了。下一章我将解说能进一步提升油田开采法效果的关联技能以及开始油田开采法之前要做的"准备工作"。

第一章　总结

☑ 即使是同一个词，每个人的理解都是不同的。

☑ 使用让对方感觉舒适的词语来提问，容易打
开对方的心扉。

☑ 原封不动地使用对方说过的词汇来提问，容
易引导对方吐露心声的提问法就是油田开
采法。

油田开采法的日常习惯①

▼

禁止使用"这么说来，我也……"的表述

如果觉得自己难以让他人对自己吐露心声，就请先尝试着统计一下自己与他人的对话中"听""说"这些词所占的比例吧。即使觉得自己话不多的人，很多时候也没有养成"听"的习惯，"说"的比例反而意外地高。

为了培养善于倾听的习惯，平时说话时就要注意"听七成说三成"的原则。通过训练熟练掌握了这一原则之后，你就能轻松实践油田开采法了。

掌握"听七成"最重要的一个秘诀就是一定要严格注意"不要打断别人的话"。即使认为对方话少，说得慢，也一定要等对方说完。

有种很常见的模式就是，自己说一句"啊，这么说来，我也……"打断别人的话之后，就马上开始自己的发言了。

有一种方法可以避免这种做法，那就是只要对方没有向自己提问，自己就要禁止使用"这么说来，我也……"的表达。何况擅自将提问中的词语换成自己的关键词之后，油田开采法就无法顺畅实践了。就像你问对方"我在练瑜伽，你有什么兴趣爱好呢？"，对方可能会被"瑜伽"这个关键词影响，想到的可能只是跟体育相关的事情了。

即便对方不太会说话，性格文静，只要耐心听完他们说的话，很多时候是能意外地听到有趣的内容的。只要体会到这种快乐，实践油田开采法就能一下子变得非常轻松！

第 2 章

应用篇：

引导对方吐露心声的

准备活动

一、了解自己的"困扰表现"是提升的捷径！

因为提问用的是对方说过的同一个词，所以提问者很难遭遇失败，即使不太会说话的人也能尽快上手，这是油田开采法的一大优势。但是，只学了第 1 章便想将其应用到现实中的话，很多人或许会感觉"不顺利""没有做到想象中的让对方吐露心声"。

从本章开始，我就来讲解一下如何进一步发挥油田开采法的效果，来改变这种"不顺利"的技巧。

谈话不畅的原因因人而异。<u>要克服这一点，首先的一条捷径就是了解自己的"困扰表现"具体在哪里。</u>

然后,请大家看一下接下来的清单。这是参加了我的演讲会和研修会的一位听众列举出来的,在他想要引导交谈的另一方说出某些心里话时发现的自身的困扰表现,也可以说是那位朋友在交谈时的"不良习惯"。

每一条改进策略,我都会在之后进行逐个说明。

你是哪种? 难以耐心倾听别人说话的 9 种困扰表现:

①如果同对方是第一次见面,就不知道从什么话题切入。

②过分在意接下来该问什么问题,没注意听对方说的话。

③被对方的节奏带跑,偏离了自己想要询问的话题。

④有时误会了对方使用的词语的意思,却还在继续交谈。

⑤对方如果不爱说话,那么全程都是自己在讲话。

⑥不擅长附和,破坏聊天气氛。

⑦话题中断,当谈话出现"停顿"时就沉默不语了。

⑧想通过提问了解对方的内心,但犹豫问到何种程度才合适。

⑨想问好几个问题,但对方在一个问题的回答上花费太久,不方便进入下一个提问环节。

　　怎么样？有没有哪一种跟你自己的苦恼之处很像呢？如果有这些难以倾听他人发言的情况，那么冷静执行油田开采法是很难的，请一定要努力克服。

　　针对这里列举的"困扰表现"（不良习惯），我在第 2 章中先来介绍如何用"开始油田开采法之前的准备工作"来改善第①和第②种情况。关于第③种之后的"在油田开采式发掘的实践过程中容易遇到的难题的应对策略"，请大家移步第 3 章。

二、面对"初次见面的人" 能使用油田开采法吗？

首先，我们从与对方是"初次见面"这个情况来着手。

<u>困扰表现①</u>：如果同对方是第一次见面，就不知道从什么话题切入。

坦率来说，若对方是初次见面的人，可以说对其实践油田开采法的门槛是比较高的。完全不知道对方信息的情况下很难恰当地选择第一个问题。而且，若对方觉得自己亲和力不够，我认为即使向对方提问也难以引导对方吐露跟价值观或是心里话有关的关键词。

这种状况下的<u>一种解决办法是，先用"露天开采法"来</u>

<u>进行切入。</u>与第 1 章介绍的寻找一个关键词进行深入发掘的油田开采法相对，"浅显而广泛地提问"是露天开采法的提问方式，即当对方结束完一个问题的回答后不继续深入发掘，而是立刻换另外一个别的问题来提问。

露天开采法与油田开采法相比，前者的谈话内容更容易变得散漫，很难探听到对方的价值观。然而，若面对的是初次见面的人，这种方法就能发挥积极的作用。因为突然想探听关系尚浅的人的真实想法，会容易招致对方的抗拒，用露天开采法来提问的话，就不太容易引起对方的戒备，从而提高自己的亲和力。

所以，用露天开采法来开启对话，等待并努力寻找将要出现的关键词，做好准备后再开始油田开采法的做法是比较高效的处理办法。

<u>露天开采法的目标，应当是找到对方和自己的某些共同点。</u>大家有过这样的经验吗？就是交谈的另一方和自己来自同一个地方，或是均为同一支体育队伍的粉丝，像这样若发现了一些共同点，是不是人与人之间的距离一下子就拉近了？只要保持这种状态，即使对方是与自己初次见面之人，用油田开采法也应当能发挥良好的效果。

那么，怎么描述用露天开采法提出的问题呢？一种理论思路是，从"<u>自己与对方相遇的地方、现在的所在之处</u>"的相关内容开启话题。例如，如果在交谈会现场，脑海中就容易浮现"您参加交谈会的契机是什么呢？"这样的问题。在商务会谈现场，因为了解对方的工作内容，便可以提"您什么时候开始从事这份工作的？"之类的问题。

在露天开采法的不断重复简单询问的过程中，如果出现了与自己真正想探听的内容相关的关键词，那么机会就来了。你便可以用这个关键词配上"你觉得某某怎么样？"，然后向油田开采法转移。

<u>困扰表现①</u>：如果同对方是第一次见面，就不知道从什么话题切入。

<u>解决办法</u>：首先从"露天开采法"开始，与对方相遇的"场所"相关的话题是有效话题！

三、让对方不自觉地吐露心声的话题切入法

要提升油田开采法的效果，重要的一点是如何开启第一个问题。即使对方是公司里的上司、下属，或者熟客这类比较熟悉的人，突然被问到正题的话，多半也会心生警戒，就不容易吐露心声了。<u>在开启第一个问题之前，尽可能地弱化对方的防备心</u>是非常有必要的一件事。

为达到这个目的，卓有成效的准备就是<u>"让对方感觉到自己能获得有用的信息"</u>和<u>"使用能够与对方增进情感的表达"</u>。

例如，上司想探听下属的心里话，就不能随意开启提问。他首先会从"你最近很努力啊，真是辛苦了"等这种增进感

情的语句开启对话。想探听同事和朋友的情况也是，多半会以"最近感觉你没什么精神，是不是有什么烦恼？"等秉持着关心对方的态度开场的。增进与对方的感情，创造愉悦的谈话氛围是非常重要的，不能急躁。

另外，在商务会谈的场合下，比起增进个人情感，谈论好处、弊端更为重要。要想知道对方的心声，自己也要给予对方一些东西，展示这种等价交换的态度对拉近彼此的距离非常有效。"今天我说的肯定是对某某有帮助的内容！"，像这样在一个可能的范围内开启一个让对方有期待感的对话是比较好的。

还有一个有效的方法是展现出"随便说什么都可以，我会好好倾听的"的态度，这也是拉近与对方之间的感情距离，同时也让对方保有期待感的话题切入方式。 例如在店里接待顾客时，若一开始就告诉顾客"您说的话对我们有很大的帮助，不管您有什么要求，请不要客气都告诉我们吧"，顾客也会认为"你问什么都可以"，于是就愿意打开话匣子了。还有像"我今天时间充裕，我们可以慢慢聊"这种说法也能给予他人一种"即使谈些无聊的事也行"的安心感，会更容易引导对方吐露心声。

四、制作油田开采法
所需的"脚本"

作为主播，我多次直接使用油田开采法对初次见面的人进行采访。只是，我一定会提前仔细了解对方是什么样的人，想象会发生怎样的对话后再进行采访。

油田开采法是用对方的词汇来进行回应的一种技巧，所以不需要事先决定问题的顺序。况且提前准备大量的问题也是行不通的，因为采访现场随时可能发生变化。而习惯提前规划好一切的人，容易出现下面的"困扰表现"。

困扰表现②：过分在意接下来该问什么问题，没注意听对方说的话。

事情不按自己预想的发展就丧失了平常心，听不进对方说的话，然后对方好不容易说出了关键词，自己却听漏了……事情发展到这一步自然是糟糕至极的。

但是，完全不准备脚本（列出要提问的问题）也不好。因为只一味地将精力放在寻找和使用关键词上，有时会忘记自己真正想要询问的内容。而且，有时候明明想要对已经出现的关键词继续深挖，却等不来下一个关键词，谈话就无法展开。

为了不陷入上述困境中，我建议提前<u>准备"精简了内容的脚本"</u>。

细致地准备每一个问题不重要，清晰了解提问的目的，如"想从对方那里探听到什么内容"才更重要。只要记得"今天绝对要听到他关于这个问题的心里话！"这个目的，当谈话没有按照预期的走向进行时，就能回到最初的目的去修正谈话内容。真正想要探听的问题的数量，基本上要精简到只剩一个。如果和对方的谈话时间非常宽裕，也可以设定多个目标，但要记住，一定要"控制数量"。

在此基础上，你可以准备一下"想要探听的事项清单"，思考一下为了要达成目标，提多少个问题合适。<u>不是"这也</u>

想问，那也想问"，而是要准备多个能够接近自己最想探听的内容的问题。这些问题是通往最终目的的入口，只要准备了多个这样的入口，哪怕其中的一个没法引导对方吐露心声，那也可以切换到别的入口，用油田开采法再次深挖。只要像这样做好准备，即使采访现场发生了意料之外的事情，也能冷静应对。

要制作脚本，一个有效的方法是提前做好关于那位被采访人的预演。他参加了什么活动，有哪些兴趣爱好，采访的对话中可能出现什么话题，都要先想象一遍。在此基础上，思考能够接近最想探听的内容的候选问题。如果对方不是名人，而是未曾蒙面的普通的商业谈判人士，那从网上搜索他的相关内容可能就比较困难。即便如此，只要知道那人在什么公司从事何种工作，就有可能提前做好跟工作内容相关的预演。

我在列问题清单时，喜欢使用便签。在便签上一条条写下想要询问的内容，再一张张贴到笔记本上。说到为什么要使用便签，最开始是因为可以将想到的内容全都写下来，再从中进行取舍，也方便罗列和替换。考虑到能和对方交谈的时间，将问题删减到合适的数量，再给它们确定优先顺序，编成怎么进行提问的脚本（图 2-1）。

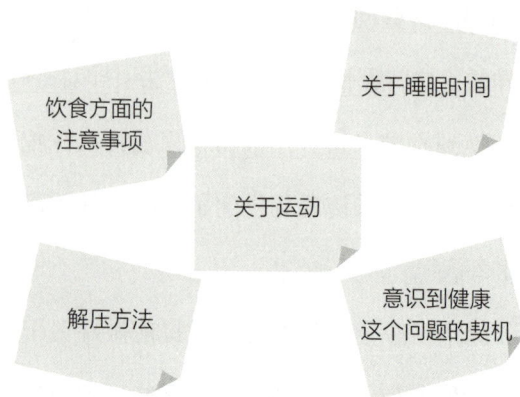

图 2-1　将想询问的内容写在便签上

　　或许至此大家还不知道怎样具体地去制作一个脚本，下面我为大家展示一个案例。请大家思考一个场景：市场营销负责人为了了解消费者的想法，要倾听现实消费者的声音，其交谈对象是通过调查公司招募的未曾蒙面的普通人，只知道对方是一位 40 多岁的女性。面对这种完全不了解对方信息的场合，制作脚本就显得特别重要。

　　场景：为了做市场调查，要对特定顾客群进行采访。

　　受访者：从网络上招募到的普通的 40 多岁的女性。

　　询问目的：了解 40 岁女性的健康意识。

此次采访想询问的"目的"是了解"40 岁女性是否拥有健康意识"。只要问出这一点，就能知道她们是否会愿意为了健康而成为自己的服务对象，同时还可能对业务计划形成帮助。

那么，为了达成这一目的，怎样进行提问比较好呢？"你对健康有什么认识？"这个问题并不是一个容易回答的问题。那么来做一个具体的"想问的问题"清单吧。这些问题是能够帮助我们接近最终目的的入口。接下来，轮到便签出场了。把你能想到的、想探听到的跟"健康相关的认识"的问题全部写下来，依次并排贴好。

一会儿，便写出了有这样 10 条内容的清单：

①为了维持健康现在正在做的事。

②饮食方面的注意事项。

③关于睡眠。

④关于运动。

⑤解压方法。

⑥意识到健康这个问题的契机。

⑦意识到健康问题后的变化。

⑧感受到的身体方面的不舒服的情况。

⑨正餐之外摄取的营养补充剂等。

⑩健康知识的获取方式。

　　在实际的征询意见会上，是无法完成这么多问题的。于是，就需要给它们进行优先顺位的排序，并做适当删减。

　　确定优先顺位的诀窍不在于看它们是否接近你想要询问的核心主题，而是<u>即便感觉有些迂回，却是对方应该比较容易开口的、可以从周围进攻核心主题的问题</u>。因为突然问出对方难以回答的问题的话，容易让对方产生防备心理。

　　这次写出来的 10 条问题清单中好像没有回答难度特别高的问题，但还是要挑选出尽可能容易谈论又接近目的的问题。作为本次重要的提问，我挑选了<u>①"为了维持健康现在正在做的事"、⑥"意识到健康这个问题的契机"、⑦"意识到健康问题后的变化"</u>这三个问题。首先，我从容易回答的"正在做的事"开始提问，之后再结合询问"契机""变化"的问题，就能大致了解女性在健康方面的意识变化过程及价值观。

　　剩下的 7 个"想问的问题"也不会浪费。②"饮食方面的注意事项"、③"关于睡眠"、④"关于运动"、⑤"解压方法"、⑩"健康知识的获取方式"等都是①的附带内容。所以，在对①进行油田开采式深挖的过程中，若碰到机会能够进行补充提问的话，就要记得想到它们。

最终，我完成了这样的脚本：

①先观察对方，觉得有跟健康相关的点就提出来，如"您的皮肤非常有光泽，看上去很健康呢"等。这并非提问，而是为了提高对方参与的积极性，营造容易回答问题的氛围。

②作为第一个问题的"为了维持健康现在正在做怎样的事？"要用不经意的方式提出来。然后从出现的关键词中进行油田开采式深挖。之后，如果能问起"饮食如何？""睡眠时间怎样？"等问题的话就顺带问了。

③如果问透了"正在做的事"之后就进入下一个问题"意识到健康这个问题的契机是？"。

④若问出了对方关注健康的契机，那就记住出现的关键词，同时询问"意识到健康问题后，有没有感受到什么变化呢？"

⑤问出了变化的内容后进入总结式提问。"您感觉到了某某（对话时出现的关键词）的变化后，有什么收获吗？"，以

及"今后，您将怎样维护健康呢？"等问题来进行总结。

虽说是制作脚本，但也没有数量惊人的问题，像这样精选内容的做法非常重要。在此基础上，再用油田开采法集中攻克对方提到的关键词。尽管有可能会出现对方反应差、无法按预想那样进行深挖的情况，但只要注意碰到那种情况后就进入脚本里的下一项，心里有底就不会慌乱了。

在第 1 章介绍的"想听下属的工作满足感"的案例中也有可能出现下属的反应差，不按照预期那样说出关键词的情况。为了应对那种情况，上司就要自己准备好与工作满足感相关的附带内容，例如"积极性""组织""成长"等关键词。只要在某种程度上准备好脚本，就能冷静地将谈话带回正轨。

困扰表现②：过分在意接下来该问什么问题，没注意听对方说的话。

解决办法：准备"精选了内容的脚本"。为了达到同一个目的，写一份列举了多个"想问的问题"的清单！

五、完善准备内容的"预演""位置转换法"

前文的脚本中有一处内容是，<u>在开始提问前用赞扬对方的方式拉近距离</u>，这一点非常重要。尤其双方都是第一次见面的情况下，最好不要一开始就进入油田开采式发掘的状态。如同之前讲解的那样，首先用露天开采法提问表面性的问题，来拉近与对方的距离。在此基础上，只要对方话语里出现了与自己之前准备的问题有关联性的关键词，那时再进入油田开采式深挖的状态即可。

在谈话的另一方是自己熟悉的人，或是能做到一定程度预演的人的情况下，一个有效的做法是提前"预演"。<u>假设自</u>

<u>已拥有对方的身份，设想把自己代入对方的场景，想象一下"问了这样的问题，对方怎么回答"。这就是"位置转换法"。</u>当然，现实中的对话难以按照想象当中的那样展开，但使用位置转换法想象一下对方的反应，肯定会容易想到更合适的问题。

第 2 章讲解了能够解决困扰表现①和困扰表现②的、能提升油田开采法效果的"事前准备工作"。第 3 章中，我们将通过查看困扰表现③~⑨，针对"尝试过油田开采法，但无法顺利进行！"的情况，讲解该如何处理。

第 2 章　总结

☑ 对第一次见面的人很难在一开始就用上油田
开采法，所以以露天开采法开始，留意、寻
找对方话语中的关键词。

☑ 切入话题时，注意拉近与对方的情感距离，
让其保有期待感。

☑ 制作了"精简后的脚本"，便能冷静实施油田
开采法。

油田开采法的日常习惯②

▼

尝试着思考"为什么刚才说了那样的话"

提问力也叫作"质疑的能力"。不全盘接受对方的话语，要去确认对方话语的意思及背景，这是油田开采法最重要的部分。然而，若自己对语言完全没有"保持质疑"的习惯的话，很多时候就不会轻易想到油田开采式的问题。

那么，在日常生活中同他人交谈时，对于对方的每一句发言，如：

"为什么这个人要这么想？"

"他是用怎样的心情来说这些话的？"

"为什么会聊到现在的这个话题？"

<u>即使是勉强自己，也要强迫自己养成问"为什么"的思考习惯。</u>只用在心里质疑就行，如果对方亲和力强、交谈氛

围轻松，也可以试着用油田开采法提问。

　　像这样，不断进行提高提问力的训练，就能自然而然地提出油田开采式的问题了。

应用篇：

常见的话题走偏的应对法

一、油田开采法进展 不畅时的应对法

　　交谈现场是不可控的，随时变化的。即使油田开采法从理论上来说不是一个容易失败的方法，但有时对交谈另一方实施后也会遭遇不太顺利的情况。之前介绍过的交谈中出现的很多典型的困扰表现和失败模式，是即使做了事前准备也难以避免的。因为一个人有自己特有的"说话习惯"，对方也有各种各样的性格。

　　但是，当陷入"进展不畅"的情况时，我们可以了解怎么去改变这种情况。那时只要想着自己能够应对，那么困扰表现就能得到缓和，自己应该也能冷静应对了。本章继续讲解导致谈话不畅的各种困扰表现及各种不良习惯的克服方法。

　　我继续接着上一章，逐次讲解会话中的困扰表现，检测清单中困扰表现③以后的解决办法。

二、为了夺回谈话主导权
需要?

　　<u>**困扰表现③**</u>：被对方的节奏带跑，偏离了自己想要询问的话题。

　　想要让对方吐露心声，就要自己掌握谈话节奏。然而，若对方是善谈之人，就有可能不经意间偏离主题，跳转到其他话题，你就丧失了谈话的主导权。若对方是习惯暖场的外向型性格的人，有时也会出现非恶意的、为了炒热气氛而有意识地带偏主题的行为。陷入此种状况后便无法再回到主题，这样令人烦恼的情况也不少见。

　　此时不要焦躁，不要只想着去修正谈话的走向，拿出

"先把对方说的话听完"的态度至关重要。因为对方开心交谈时，有时会出现出乎自己意料的关键词，这样用油田开采法提问的机会就来了。如果应用失败的话，之后再去修正谈话走向就好。首先要做的就是保持轻松的心情，倾听对方的发言。

虽说如此，若谈话继续完全走偏的话，也不要害怕，此时必须想办法对谈话走向进行修正。但是在这种情况下，要既不影响对方的谈话心情又要拿回自己的谈话节奏的话，应该怎么办才好呢？

有一种解决办法是<u>"总结对方说的话"</u>。

<u>在对方歇口气的"停顿"间歇里，你可以表达类似"原来如此，你是这样想的啊？"这样的总结，给对方一种自己领会了他说的话的印象。</u>而这样的表达也能给之前的聊天画一个阶段性休止符，再辅以"话说……""言归正传……"等表达，便能回归原本的主题了。

在"总结"阶段要注意的是要"原封不动地使用对方的词语"来进行总结。像迄今为止在油田开采法中学到的那样，把对方的词语随意置换成别的词的话，会容易让对方感到不舒服。对于你来说"只不过是同一个意思的词换了种表达"，

但每个人对词语的理解是不一样的，因此对对方来说，换词有时就意味着换了一种意思。

若谈话的另一方是非常健谈的人，你根本插不上话，更别提说出总结对方发言的话了，对此有一种办法就是"垂下目光"，若无其事地让对方意识到"或许现在不太合适聊天……"。只是，若让对方感觉到自己不想听他说话而表现得心不在焉的话，可能会引起对方不快，因此最好是一边垂下目光，一边找点事做。比如看着手里的笔记等，要摆出一副认真听人说话的态度。

困扰表现③：被对方的节奏带跑，偏离了自己想要询问的话题。

解决办法："总结"对方的发言，给谈话划上暂时性的休止符！也可以考虑"垂下目光"这一招。

三、若中途注意到"误会了 对方说的话"时

困扰表现④：有时误会了对方使用的词语的意思，却还在继续交谈。

我注意到长时间的交谈后，人们会误会对方话语里的意图和词语意思。再加上剩下的聊天时间不多了，有人可能会开始出现轻度的慌乱。

这种情况确实算是惨痛的失败，在这种情况下能做的只有一件事。在注意到了误会之后立刻传达出"我误会了"的态度，把话题掰正。如果放任误会继续下去直至交谈结束，那就无法探听出对方的心声，那才是损失惨重。

"不好意思，您说的某某是不是并非某某的意思啊？我也许完全理解错了……"，像这样直接说吧。

及时转变思维的话，有时这种状况还能成为机会。向对方确认他说过的某某词的意思，其实也是与对方共同经历的一段新鲜体验。所以即使剩下来的交谈时间不多了，有时反而还能高效率地达成目的。再有就是跟对方以开玩笑的方式说"自己一直误会了对方说的话"，还可能会成为一下子拉近与对方心理距离的契机，成为让对方吐露心声的助力。

即使话题走偏，在意识到的刹那掰正便是。这样一来，自己心理上也会轻松很多。

为了不让自己陷入误会他人发言的境地里，最重要的是一开始就要舍弃一厢情愿的想法和固有观念，边认真确认对方说的语句的意思边说话。是啊，这不就是油田开采法嘛。正确应用油田开采法，是克服这种困扰表现的最有效的道路。

困扰表现④：有时误会了对方使用的词语的意思，却还在继续交谈。

解决办法：立刻坦率告诉对方"我误会了"！使之变成搞笑的趣事也可以。

四、对寡言者适合使用油田开采法吗？

困扰表现⑤：对方如果不爱说话，那么全程都是自己在讲话。

交谈另一方是个"沉默寡言的人"，想必是使用油田开采法进展不畅的一个典型原因。寻找对方发言中的关键词再反问回去是油田开采法的做法，但寡言之人有时是不会说出任何关键词的。

我在 NHK 当主播时经常采访各地的工匠。工匠们大多淳朴寡言，面对提问常常反应较慢。回答问题时多数只有一句话、一个词，串不成文章，把好不容易说的词视为关键词的话也不合适。这样的话，就没办法开始实践将对方说过的关键词反问回去的油田开采法。

面对这种类型的交谈方，首先自己必须做好"等待"的心理准备。他们听到问题发出意味着正在思考的"嗯……"的声音时，暂时不要插嘴，要耐心等待。<u>不习惯说出内心想法的人，只要给他一点思考每一句发言的时间，有时他会说出意想不到的关键词。</u>

要是他还是说不出来任何关键词，那提问方就给他一点"提示"吧。提示几个与想探听的主题相关的关键词，问一些"是否就是某某的意思呀？"这样的问题。虽然油田开采法的核心点是避免由提问方提出关键词，但对于寡言少语之人，这种做法也可以成为一个可选之项。不过，归根结底还是需要对方自己表达出来。避免强势，静静询问，哪怕对方发言难以为继，也要抱着充分的耐心坚持等待下去。

这里，我为大家展示一则对寡言少语者实施油田开采法的具体案例。这份记录主要来源于我与之前采访过的工匠的对话。

对寡言少语者实施油田开采法的案例

牛窪："您创作作品时，是以什么样的心情投入工作的

呢？"问题①

　　工匠："……啊，因为我只会做这个。"回答①

　　牛窪："只会这个……您为什么会这么想呢？"问题②

　　工匠："因为这是祖传的手艺，我从小跟在长辈身边自然就学会了。"回答②

　　牛窪："您中途想过放弃吗？"问题③

　　工匠："没有。"回答③

　　牛窪："是什么让您有了这样的想法？"问题④

　　工匠："我认为我有必须把传统坚持下去的责任，而且我也想把它发扬光大……"回答④

　　牛窪："您想告诉世人什么呢？"问题⑤

　　工匠："我想用自己的作品向人们展现日本自古以来从未改变的细腻优美。"问题⑤

　　读完这篇文章会让人觉得这段交谈看上去很顺利，实际上这位工匠思考沉默的时间居多，我是抱着充分的耐心进行的采访。接下来我来按顺序解释自己是抱着怎样的意图来提问的。

　　采访的目的（目标）是要了解工匠通过作品传达的精神

和思考。因此问题①我采用的是正统的提问"您创作作品时，是以什么样的心情投入工作的呢？"，这个问题既接近采访目的，又没有自己随意添加关键词，是一个平淡的问题。

针对这个问题的回答①是"因为我只会做这个"。乍一看，这个回答好像是一个不太贴合问题的模糊性的回答，也找不到关键词。但我瞬间便判断出"只会这个"是个关键词，并决定用油田开采法深挖。

问题②是"只会这个……您为什么会这么想呢？"。因为接近了"只会这个"背后隐藏的价值观，所以我下面提了一个询问理由的问题。于是，就有了回答②"因为这是祖传的手艺，我从小跟在长辈身边自然就学会了"。这只不过是理所应当的、自然而然便掌握了的技能。但是这个回答仍然看不到这个人的价值观。可以窥见，他平常没有意识到创作作品还需要思考深意，并付诸语言。

我要想办法把这个人的潜意识转化为有意识，但找不到合适的关键词。因此我决定从别的方向着手。我想知道为什么这个人能持续创作出这么多作品？他有没有中途放弃过？于是，就有了问题③"您中途想过放弃吗？"

回答③是"没有"，但我意识到这个答案距离这个人的价值观更近了。而且因为这个回答很简洁，难以找到关键词，所以我想继续深挖"没有想过放弃"的原因。

问题④是"是什么让您有了这样的想法？"其实它所表达的意思是"为什么你没有想过放弃？"<u>自己尽可能地做到不要随意添加关键词</u>，深挖他为什么没想过放弃的原因，引导他说出坚持至今的理由。

对于这个问题，回答④是这样回应的："我认为我有必须把传统坚持下去的责任，而且我也想向人们传达我的心声……"这个回答中，能用的关键词终于出现了。<u>"想传达心声"是非常接近这个人"价值观"的关键词，我要尝试着对它进行油田开采式深挖</u>（问题⑤）。

回答⑤"我想向人们展现日本自古以来从未改变的细腻优美"中，终于找到了他坚持创作的初心。最开始的回答分明是"自然而然便做了"，但在实施油田开采法时，我成功地把他潜意识的想法转化为语言表达出来了。采访寡言者虽然辛苦，但通过这件事我体会到油田开采法还是有效的。

像这样，对寡言者使用油田开采法时，如果使用了第 2 章讲的"脚本"会变得轻松很多，只要准备比平常更多的"想问的问题清单"即可。

我们再来看一下这个案例。

【复习】

对寡言者实施油田开采法的案例

牛窪："您创作作品时，是以什么样的心情投入工作的呢？"问题①

工匠："……啊，因为我只会做这个。"回答①

牛窪："只会这个……您为什么会这么想呢？"问题②

要点：关键词迟迟不出现，就对沾点边的关键词进行油田开采式深挖。

工匠："因为这是祖传的手艺，我从小跟在长辈身边自然就学会了。"回答②

牛窪："您中途想过放弃吗？"问题③

要点："创作作品时的想法"这个提问中迟迟没有出现与价值观接近的关键词，所以就尝试着改变一下方向。询问"坚持这份工作的理由"的话，也许就能问出他扑在这份工作上的初心。

工匠："没有。"回答③

牛窪："是什么让您有了这样的想法？"问题④

　　<u>要点</u>：提问意在弄清所谓"没有"的原因。在提问者不擅自设定自己的关键词的情况下，换成了一个较为自然的问题。

　　工匠："我认为我有必须把传统坚持下去的责任，而且我也想向人们传达我的心声……"回答④

　　牛窪："您想告诉世人什么呢？"问题⑤

　　工匠："我想用自己的作品向人们展现日本自古以来从未改变的细腻优美。"问题⑤

　　<u>要点</u>：终于出现了"向人们传达心声"这个接近价值观的关键词，将它进行油田开采式深挖，最终达到目的。

　　<u>困扰表现⑤</u>：对方如果不爱说话，那么全程都是自己在讲话。

　　<u>解决办法</u>：即使对方在回答时有思考时间长等多种问题，一定要边耐心等待边认真地实施油田开采法。有时候你可以给予对方一定的帮助和提示，但一定要注意，避免将自己的关键词强加于人！

五、能快速有效地改善不擅长 "附和"的人说话水平的对策

困扰表现⑥：不擅长附和，破坏聊天气氛。

在关于说话方法、提问方法相关的研讨会中，与会听众问的较多的就是"不擅长附和"的问题。

或许很多人认为，附和什么的不是很简单吗？也有很多人烦恼于附和方式过于简单，过于单一。<u>那些人大体上只会"原来如此""是吗""嗯嗯"三种附和的方式。</u>

这三个词并非不好，只是用得过于频繁的话，也许会给人一种"这个人是不是没有好好听我说话？"的感觉。请尝试着想象一下自己跟正在与自己交谈的人反复说着"原来如

此！""原来如此！"的样子就明白了吧。

附和方式单一的人，我这里有一些可以立刻改善这种情况的诀窍。那就是，<u>只需要进行"鹦鹉学舌式地重复对方的话"的附和即可</u>。

例如，对方说"最近对网球运动相当着迷！"时，比起"欸！！"这个回复，"网球！"这个回复更能给人留下认真倾听的印象。接下来对方说"每个周日，我都去附近的网球场……"，自己回"每周！"，然后对方又说"虽然打了半年球，但发球还是不行……"，自己再回"半年啊"……类似这种，只要从对方的发言中确定重复的词语，就能避免单调的附和了（图 3-1）。

图 3-1 "鹦鹉学舌"式附和

学了油田开采法的朋友们应该知道，如果"原样使用对方说过的话"来进行附和的话，对方就不会感到不适，从而能心情愉悦地畅所欲言。只要习惯了有意识地从对方的发言中确定关键词的油田开采法，参与一些没有特定目的的闲聊也能炒热气氛。只是，一味地鹦鹉学舌可能会给人一种"你真的在听吗？"的疑问。因此，可以夹杂诸如"原来如此"等别的表达，适度使用便好。

此外，我将在第 6 章讲解提高附和能力的方法，请大家一定要看一下。

<u>**困扰表现⑥**</u>：不擅长附和，破坏聊天气氛。

解决办法：用对方刚刚说过的词语附和是一种有效方法！

六、致害怕交谈气氛变 "沉默" 的你

困扰表现⑦：话题中断，谈话出现"停顿"时就沉默不语了。

有一些人不擅长在谈话中断后再次开启话题，于是便习惯沉默下去了。很多人自己便属于沉默寡言类型，害怕谈话中出现间歇停滞，于是有时便随便说些话尬聊圆场。这样一来，原本是为了探听对方心声开启的对话，结果变成自己尬聊，那就毫无意义了。

这种人这样想的话可能会变得轻松。谈话中出现的"停顿"是对你发送的"信号"。对方在告诉自己，"现在就是改

变话题的时机"。因此没有必要勉强填补谈话的停顿间歇。冷静地深呼吸之后，再慢慢地进入下一个话题。

　　要想游刃有余，一个有效的办法是准备"精简了内容的脚本"。即使一个话题结束，下一个话题也准备好了。只要想到这一点，应该就不怕谈话中断，能够轻松交谈了。

　　困扰表现⑦：话题中断，谈话出现"停顿"时就沉默不语了。

　　解决办法：沉默是转换话题的信号，这时进入下个话题就好，注意事前的心理准备！

七、从表情、举止、视线等
看穿对方的内心

困扰表现⑧:想通过提问了解对方的内心,但犹豫问到何种程度才合适。

想探听对方的心声,但不知道了解到何种程度才好⋯⋯我们确实会遇到这样的困境。怎么弄清楚"问到这里就可以了""不能再问下去了"这条界限呢?

油田开采法因为是原样重复对方说过的词,和普通的提问比起来,是一种不太容易引起对方抗拒和防备的技巧。即使是敏感的话题,只要比平常更认真地践行"用对方说的词来提问""不能随意添加词语"这些油田开采法的理论技巧,就不用担心在探听对方心声和价值观时会伤害到对方。

虽说如此，任何人都有"不想被入侵"的领域。我的经验是，在这样的情况下仔细观察（校对）对方的"表情""行为""视线"，在此基础上再进行判断的做法是比较合适的。我觉得当对方表现出明确的"抗拒"信号时就要切换其他话题，在这个前提下尽可能地接近对方的心声。

"表情"表现的抗拒信号多半容易从阴沉的表情、紧蹙的眉头、歪斜的嘴角等观察中得知。有时我们还可以从其他地方获得对方抗拒的信号。

从"行为"中判断对方抗拒自己的一个信号就是，"谈话中途对方经常摸脸"。触碰较多的部位是脸颊和嘴巴。这是对方犹豫如何回答、不知怎么回答时容易出现的行为举动。在想进入一个敏感的话题领域时如果看到了对方的这些表现，就改变提问方向，绕过那个话题跳转到别的话题吧。

当然，除了不想被入侵敏感领域，有人单纯地在犹豫如何回答问题时也会频繁触摸脸部。这时候可以试着提示一下，提出一个简单易答的问题，如"比如说某某怎么样？"就好了。

接下来，"视线"读取到对方的抗拒信号是"移开目光"。

很多人不怎么想回答问题、不想让对方知道自己内心想法的时候会转移视线。有人单纯在思考问题的答案时也会"移开目光"，但一般都表现为"睁着眼睛只盯一处"。

与那种不同，<u>视线往下望，眼睛却不止盯着一处的状态，有很大的可能是抗拒的表现。</u>这时，说句"如果难以回答的话，您可以只讲某某吗?"，像这样告诉对方自己想了解的界限范围，对方应该就会没有负担地回答自己了。

<u>困扰表现⑧</u>：想通过提问了解对方的内心，但犹豫问到何种程度才合适。

<u>解决办法</u>：当对方的表情、行为、视线等出现抗拒的反应时，就改变提问。要基于这个规则行事!

八、前一个问题回答时间过长
导致无法进行下一个问题时

困扰表现⑨：想问好几个问题，但对方在一个问题的回答上花费太久，不方便进入下一个提问环节。

一般来说，认真、贴切地回答提问的人是特别值得感谢的人，但"认真过头"的话反而平添烦恼。具体来说就是，针对一个问题的回答过长，难以进入下一个问题。我在采访中遇到过很多次这种情况，有的人就是那种必须要按顺序说完 1 到 10 个问题，否则就无法满足的类型的人。

对于这种人，就有必要在某一处内容上修正谈话走向。如果对方看上去仍然不想结束话题，那就在**某种程度上能看**

<u>到结论的地方，以总结性的语句重复一遍"原来如此，就是某某这个意思吧"</u>。这跟困扰表现③"被对方的节奏带跑，偏离了自己想要询问的话题"的情况是一样的。

若谈话变长或偏离了主题，就利用对方歇口气的"停顿"间歇，用"不好意思，您可以再详细说一下刚才说的内容吗？"回归主题。

顺带一提，"不完整回答从 1 到 10 的问题就不满足"这种类型人有一个专门性的称呼——"流程型"。这是研究用语言影响人的"语言行为量表对照法"这套理论中用过的称谓。理解了语言行为量表对照法，就能更进一步提升油田开采法的效果。关于这点，我将在第 4 章中详细介绍。

困扰表现⑨：<u>想问好几个问题，但对方在一个问题的回答上花费太久，不方便进入下一个提问环节。</u>

解决办法：<u>利用对方谈话的"停顿"间歇总结一遍谈话内容来修正话题走向。</u>

第 3 章 总结

☑ 即将被对方的节奏带跑时，用"总结发言"
  等技巧修正话题走向。

☑ 若交谈方是寡言之人，要充满耐心地等待对
  方发言，也可以试着稍微提示一下对方。

☑ 找到"不能再问下去了"这条界限的要点是
  观察对方的表情和行为。

油田开采法的日常习惯③

▼

为讨厌的人留下会面的时间

用油田开采法引导对方吐露心声必须保持对对方的好奇和兴趣。如果对"对方究竟想说什么""有怎样的价值观"没有兴趣的话，就很难进行强有力的油田开采式深挖。

但是，有的交谈对象能让自己抱有好奇心，有的却是自己完全不关注的，甚至有的还是自己讨厌的人。

这种情况下要记得保持质疑"为什么我不想关注这个人""为什么我讨厌这人"的习惯。如果你能对"没兴趣"这件事燃起兴趣，那么向对方探听心声的问题会令人不可思议地浮现在你的脑海里。

据说，制作人秋元康会定期约他讨厌的人共同进餐。因为这样做，他可以注意到迄今为止他没有注意过的自己的信念及价值观。

　　即使无法见面，思考一下"为什么不感兴趣"这个问题，就能成为针对那位谈话对象即将实施的油田开采法的线索。

第 4 章

应用篇：

根据对方的所属类型改变攻略方法

（语言行为量表对照法入门）

一、作为油田开采法
源头的另一种方法

至此，我们学习了油田开采法的基本理论及其帮助强化提升实践效果的关联技巧。从本章开始，我们要迈上下一个台阶。我将为大家介绍各种背景下的对话中有用的知识。

油田开采法能有效引导对方吐露心声，最大的原因在于"原样使用对方说过的话进行下次提问，对方接受了，且没有感到不适"。<u>也就是说，油田开采法是能够帮助我们"选择容易打动对方的语言"的一种技巧。</u>

帮助我们"选择容易打动对方的语言"的方法不只有油田开采法。将对方用过的词原样用于下次提问，这种方法任何人都能轻易上手，这是该法则的优势。但是，对方发言没有出现过的词就不能使用。

除此之外还有一种**能够快速知晓"这个人容易被这种语言打动"的方法，那就是语言行为量表对照法（LAB Profile①）。**只要掌握了这种方法，就能根据对方情况熟练地挑选各种各样的"能施加影响的语言"，提高油田开采法的效果，以及在其他情况下与人交流的成功率。

原本我关注油田开采法就是因为学了语言行为量表对照法，知道了"容易打动人心的词，不容易打动人心的词"的知识才开始的。第 4 章，我将暂时脱离油田开采法，为大家介绍作为油田开采法源头的语言行为量表对照法究竟是什么，以及怎样应用的问题。

---

① "L"指 language（语言），"B"指 behaviour（行动），被译为"影响型语言"。

二、读懂每个人的"影响型语言"的"语言行为量表对照法"

我在成为 NHK 主播之前，也就是在饮料制造业工作时就发现，有的人的语言能影响他人，有的人则不行。选择了主播这一行之后，我对语言的关注度更高了，学习了各种理论和方法。

然后就遇到了语言行为量表对照法。遇到它之后，"无法用语言让别人按自己的心意行动"这个烦恼改善了不少，仿佛之前的烦恼都不曾存在过。

语言行为量表对照法是世界权威性语言研究学家雪儿·罗斯·夏尔凡（Shelle Rose Charvet）发明的方法。这套方法可以<u>从对方使用的语言来分析对方的思考及行为模式。若搭话时的措辞能让那人感觉合意，就能打动人心，促使其行动，也更容易影响到他。</u>

为什么能打动每个人的"影响型语言"都不一样呢？

每个人的生长环境、过往经历都不一样，因此形成了不同的价值观。价值观不同，即使是同一个词语，其意思也会因个人的理解而发生变化。比如说"人生"这个词，对于生活幸福的人来说是积极的词语，而在那些生活艰辛的人听来便可能是个消极的词语。

每个人对语言的反应和从语言中感受到的印象都是不同的，所以每个人的措辞习惯自然也不一样。一个人的措辞习惯有时会与父母的措辞习惯相似，也会受到其他经历和朋友的影响。只是，<u>随着人们长大，性格、行为等固定下来，就不容易改变了。</u>

比如在会议中要提案某个项目时，面对"这个项目可以获得很多收益"这种表述，有人心动，也有人无动于衷。大家怎么看呢？对于那些无动于衷的人，可能"这个项目可以解决那个问题"这样的表述更能打动他们。

又比如在服装店接待顾客时，有人对"这件连衣裙很适合您呀！"这句话动心，也有人无动于衷。对那些无动于衷的顾客，也许就要换别的话来取悦她了。

　　刚才举的例子，我会在下一章依次进行详细解说。语言行为量表对照法就是一种在各种情况下都能发挥作用的方法。它能通过分析对方的措辞，选择有效的语言表述。对下属，能够让自己的部下"为我所用"；对顾客，能够让顾客提高购买欲望。它还能在讲解说明会和演讲会等面向多人发言的场合中，提供多种模式的灵活的语言表述，同时打动很多人。

┃三、用"提问"看透影响型语言

这个问题或许有些突然，请问你，你有没有过"这次的工作完成得很棒！"的切身体验呢？如果你没有想到具体的经历，那就请设想一下自己会产生"工作完成得很棒！"这种感触时的场景吧。

那么，问题就出现了。

"自己是怎么知道自己的工作完成得怎样的呢？"

实际上，通过对这个问题的回答进行分析，我可以获知你的措辞类型。然后，我再把这个问题向他人，比如向下属，试着提问，根据那个人的回答，我就能看透那个人的措辞，选择合适的、容易影响那个人的表述词语。

　　语言行为量表对照法有 12 个这样的"提问"，通过分析回答它们的各类措辞，就能判断那个人的措辞模式。人的措辞可以分为 14 种类别，每种类别里又有 2 ~ 4 种模式。正常情况下，需要一个人完成 12 个问题才能综合性地判断他的措辞模式。但单靠一个问题（类别），对理解那个人的措辞模式也能形成有效的参考。

　　然而，因同交谈方的关系亲疏不同，有时则无法使用特定的"提问"来分析对方的措辞模式。例如面对第一次见面的顾客，向对方提一些乱七八糟的问题是很难将交谈进行下去的。

　　此时，我们就能以对方在交谈中用过的话为线索来确定模式类型。然后类推，"如果顾客是喜欢这种类型的语言表达的人，那就用同一类的语言来打动他"。像这样，将人们使用的语言、偏爱的语言分类使之形成体系的理论就是语言行为量表对照法。

　　本章就语言行为量表对照法中的 14 种类别中的①判断标准、②思考的方向性、③知觉通道、④选择理由 4 类，来介绍分析所属模式的方法、影响各模式人群的具体的影响型语言及其应用方法。

┃ 四、"判断标准"的两种模式

具体来说，怎样通过措辞来划分人的类型呢？我们再来看一下之前的问题。

"自己是怎么知道自己的工作完成得怎样的呢？"

从回答这个提问的答案中我们可以知道决定那个人行为的"判断标准"。从回答提问中的措辞可以将人分为两种模式类型。

"因为某某表扬了我""因为顾客对我很满意""反馈很好"……很多人的回答是这样的。<u>当判断标准是"外部标准</u>

型"时，他们就属于自己行动时会重视他人意见、评价及反应的人。这类人常常使用"多亏了某某先生 / 小姐"等措辞。

另一些人则会回答"我自己知道"。他们有一套明确的标准，能够靠自己判断自己的工作完成度，这就是判断标准是"内部标准型"的人，比起外部的反馈，他们更注重是否贴合自己的信念和喜好。这类人常常使用"我……"等措辞。语言行为量表对照法"判断标准"的两种模式类型如下：

· "外部标准型" = 重视他人意见和评价的人

· "内部标准型" = 重视自己信念及喜好的人

关于外部标准型和内部标准型，我最近碰到了个"非常典型的"例子。是有关美国职业棒球大联盟洛杉矶天使队的大谷翔平选手和职业棒球·北海道火腿斗士队的新庄志新教练的事。

大谷选手的个人采访中多次出现了"因为决定自己成绩的只有自己，所以若能获得大家的肯定我将感到很光荣""因为某某说过"这类说辞，给人的印象是他很少谈及自身。我认为这属于典型的外部标准型。

另外，新庄教练在新上任的记者会上，用"自己最惊讶的是""我在问自己行不行的同时，又发现只有我能行""我将改变日本火腿斗士队，改变职业棒球"等发言介绍了自己。
我认为这是相当典型的内部标准型的表现。

从这两个人的例子我们了解到，即便没有向他们发起刚
才说过的特定"提问"，听过他们说的话，就能推测他们在
"判断标准"中所属的模式类型。

从这里开始就变得很有趣了。我们要了解一个人是外部
标准型，还是内部标准型，类型不同，容易影响一个人内心
的"影响性表述"也会发生改变。只要能使用有效的"影响
性表述"，就能拉近与交谈方的距离，更易说服或拜托对方，
因此在商务场合也能发挥巨大的作用。我们接下来就来看看
它在各种场景下的具体表现。

（一）基于"判断标准"的语言选择①：让下属遵从自己

首先，请你想象一下自己让下属执行某个提案或企划时
的情景。

容易对外部标准型的下属施加影响的表述是类似"因为
这个企划不错""某某也说这个企划很好"这样的语言。除了
想要推进这个企划案的上司（自己）的意见，若上司（自己）

还将第三方的意见也传达给这位下属的话，那么就能极大地说服这位外部标准型的下属。让这类下属去做市场调查等跟客观数据相关的工作，他们能发挥很好的作用。

容易对内部标准型的下属施加影响的表述是类似<u>"这个企划你做主""没你不行""交给你了"</u>这样的话语。内部标准型的下属自己有决定自己行动的判断标准，所以不太会受到他人言论的影响。对这种下属，要使用信赖他、让他自己做判断的表述话语，这样就容易驱使他为自己所用。

（二）基于"判断标准"的语言选择②：让上司相信自己

其次，想要说服上司时要怎么做呢？

外部标准型的上司因自身标准不明确，容易变得优柔寡断。有的人还会被外部意见耍弄而朝令夕改。要让这样的上司相信自己，有些措辞如<u>"大家的意见是这样""别人都赞成"</u>就很有效。先同其他下属或是其他部门提前沟通好意见，又或是获得比上司更高一级的人的赞成意见，做好提前疏通的话，上司就更容易做出决断了。

内部标准型的上司虽然能够早做决断，但容易独断专行，有时不会倾听下属的意见。对于这种上司，有效的说服性语言是类似"这个企划案跟您的想法一致"的表述。提前掌握上司的价值观，告诉上司那份提案是基于他的想法做的，然后结合上司提出的意见和建议修改一部分提案内容，这样的说服方法或许比较有效。

（三）基于"判断标准"的语言选择③：让顾客信赖自己

最后，我们来谈一谈接待顾客和做营销时，想促进顾客购买欲的场合。

外部标准型的顾客容易被"这是人气商品，只剩 1 件了！""这个很适合您呀！"打动。相反地，他们对"您想要什么样的商品？"这样的话不怎么会做出反应。他们是那种难以自己做主的类型，所以即便被问到选择的标准也会感到难以抉择。

内部标准型的顾客不会为"人气商品""适合您"这些话语所打动。因为购买商品的标准就在顾客自己的心中。虽然提高这类人的购买欲很难，但我们可以展示出"您自己决定"的态度，用"您在找什么商品呢？"开场，认真倾听那个人的标准，为他选择合适的商品；还可以用<u>"我们这有这种商品，也有那种商品"</u>来展示商品的丰富性，用<u>"请您选择自己喜欢的"</u>"您好好想想"等话语来给他做推荐。

顺便说一下，分析第一次见面的顾客的判断标准真的很难，也不能直接就用刚才的问题来提问，在这种情况下，可以在交谈中判断顾客的用语倾向。

这时就可以使用一种技巧，<u>首先用一类模式的语言来试探性搭话，如果对方反应不佳，就切换到另一种。</u>例如，先设定顾客是外部标准型的人，对他说"这款人气商品很不错！"。如果对方没什么反应，就再换成针对内部标准型顾客的"您喜欢什么样的商品呢？"。

这个"判断标准"的两种模式类型，只不过是属于语言行为量表对照法的 14 种类别之一的内容而已。在下一节，我将介绍其他能打动对方的提问，以及如何选择具体的语言表述。

五、"思考的方向性"的两种模式

这是我曾经担任某个团队领导时的故事。团队里的一位女性成员曾经很难沟通。大家告诉她"执行这个企划！"，说了很多遍，但她总是摆出各种理由消极怠工。我一直觉得跟她说话非常难受。

然而，在我学了语言行为量表对照法之后，我明白了那个人与我属于"思考的方向性"截然不同的两种人。我根据她的性格改变措辞之后，我与她的关系也发生了改善。

确认这个"思考的方向性"的"提问"如下。

<u>问题 1</u>："对你来说，什么东西很重要？"

怎么样？你的脑海里马上浮现出对自己很重要的东西了吗？如果觉得问题过于空泛，就设想一下"自己工作中很重要的东西"之类的场景。例如，有人会回答"信任关系"，还有其他人会回答"上进心""完成度""速度""诚实"等即使想遍所有的工作场景也想象不完的千差万别的答案。

实际上，问题1的回答可以是任何内容。接下来的"问题2"才是最要紧的提问。

问题2："它为什么对你很重要？"

对于问题1，A的回答如果是"信任关系"的话，对A的问题2就会变成"信任关系为什么对你很重要？"。而且，基于对这两个问题的回答大体分成的两类，你就知道那个人的"思考的方向性"了。

六、"目的志向型"
和"问题回避型"

　　第一类是像"因为相互信任的话容易出成果""因为信任会扩宽人脉关系"这样的觉得<u>在某些方面"能达成某些目标"才重要</u>的回答。持有这种回答的人便可以判定其<u>思考的方向性是"目的志向型"</u>。他们倾向于要达成积极的目的或是获得某些东西。

　　容易打动目的志向型的人的表达有<u>"达成""获得""达到""收获""目标"</u>等。

　　另一类是像"没有相互信任的话，容易引起纷争""没有信任，工作质量就会下降"这样的觉得<u>"避免某某"才重</u>

要的回答。持有这种回答的人便可以判定其<u>思考的方向性是"问题回避型"</u>。比起积极达成某个目的，他们更倾向于回避消极的问题。

容易打动问题回避型的人的表达有<u>"防止""避免""回避""不做也行""为了避免某某而……"</u>等。语言行为量表对照法"思考的方向性"的两种模式如下：

· "目的志向型"＝重视实现和获得的人

· "问题回避型"＝重视避免纷争和失败的人

看到这里，大家可能会形成目的志向型的人＝积极优秀的人，问题回避型的人＝消极且神经质的人这样的印象。其实这两种模式没有优劣之分。<u>目的志向型的人为了实现目标而努力前进，但却在这个过程中不擅长提前察觉和考虑容易发生的纷争和问题。</u>

我就是目的志向型的人，以前刚进企业时被分配到会计岗位，最开始真的是完全无法适应工作。回想过去，会计这种职业比较适合问题回避型的人。后来，我因演讲要去访问各类企业，印象中像金融业和信息技术（IT）产业这类一点小错误都不允许犯的要求高的行业，问题回避型的人明显较多。也许，这些行业在招聘时就有意识地招收了很多问题回避型的人。

而"思考的方向性"不同，要让对方按自己的心意来行动所需的合适的措辞也会大不相同。与之前一样，我们继续来看一下"思考的方向性"不同的人对下属、对上司、对顾客的各类场景吧。

（一）基于"思考的方向性"的语言选择①：让下属遵从自己

我们先来看需要下属合理行动的场景。上司平常通过与下属面谈来进行交流，能由"你在工作中看重什么？""为什么看重这个？"的回答来确认目标自然最好，但用下属在其他发言中常用的词句也是有可能判定的。<u>"因为有了这个就可以做某某了"，说这种话的人多数都是目的志向型的人，"因为没有这个，就会变成某某"，说这种话的人多数都是问题回避型的人。</u>

<u>对目的志向型下属，要给他们设立目标，要用诱导他们向目标前进的言语激励他们。</u>"为达到这个定额一起加油吧！"这样的措辞会更容易得到对方的回应。"机会来了""早开始早实现"这样的措辞，也有助于激励他们实现

目标。

但是，这些话对问题回避型的下属不管用，反而很可能给他们一种"跟不上这个上司的节奏"的感觉。比起梦想和目标，他们更注重风险，因此要让他们按自己心意行事，就要给他们一种能够回避风险的安心感。这一点很重要。像<u>"你担心的问题能这样解决"这样的表述，能迅速锁定弊端和风险，让他们放心。</u>这样的交流方式对他们效果较好。

我之前说的那位工作不积极的团队成员就是问题回避型的人。因为我自己是目的志向型，便想着宣传"这个企划居然能做成那么有意思的成果！"就能鼓起大家的干劲，但对问题回避型的她反而起了反效果。后来我知道了语言行为量表对照法，就对她换了一种说法，我跟她说"原来如此，你在担心这里啊。那就这样来解决是不是就好了？"。于是，她后来也能听命行事了。

希望问题回避型下属突破现状时，在实际工作中用上<u>"不这样做的话就没法改变低下的营销成绩"</u>的措辞会比较有效。这句话听上去会给人带来很大压力，也许会让人感到惊讶。但比起单纯的"加油，我看好你"，"无法避免成绩不佳"这些提示要解决风险的交流更有说服力，说不定下属感受到的压力还小些。当然，措辞还是必须得小心一些。

会议中面向多名下属发言时，也许会碰到目的志向型和问题回避型下属同时在场的情况。此时，采用"为了完成这个目标，我们要回避某某风险"这样的表达，就能有效兼顾这两种类型的下属了。

（二）基于"思考的方向性"的语言选择②：让上司听从自己

想说服上司的场合也是同样的思路。

向目的志向型上司做讲解说明时应当传达的信息是"怎样可以接近目标"。做到了这一点，实现积极性目标的一往无前的态度会更容易打动上司。而问题回避型的上司会更为关注提案背后的风险，空有气势的提案不会轻易获得通过。这时可以先行说明"那个风险我也知道，它能这样解决"，这样解决比较好。

若上司是问题回避型的人，在推进事业时你可能会觉得速度欠佳。但目的志向型和问题回避型没有优劣之分。一名目的志向型上司搭配一名问题回避型的副手，能够做到优缺点互补，取得平衡。

（三）基于"思考的方向性"的语言选择③：让顾客信赖自己

在与顾客进行商谈以及在店铺里接待客人时，了解对方的思考的方向性非常重要。

例如，假设你是护肤品售货员，要跟想买美容液的顾客搭话。此时，问对方一个"您想要什么样的美容液呢？"的问题，就能辨别对方思考的方向性。

如果对方回答"想要肌肤富有光泽""想要变白"等想要达成某种目的的内容，那么这位顾客是目的志向型的可能性就要高一些。相反，如果对方回答的是"我想改善肌肤""想防止干裂"这样的内容，就可以判断那人是问题回避型的人。对目的志向型的顾客用"能够变成更美丽的自己"的销售说辞，对问题回避型的顾客使用"能够把这个肌肤问题解决掉"的说辞会更容易打动他们。

七、你容易记住的是
哪种"感觉"？

接下来我想介绍语言行为量表对照法中的一个类别——
"知觉通道"。掌握了这点，向对方解释说明某些内容、获得
对方理解这些事会变得非常顺利。

例如，假设你去风景优美的公园散步。公园里各种花草
树木蓬勃生长，虫鸣鸟叫，生机盎然。在一个温度适宜、天
朗气清的日子，你享受着微风的吹拂。

在这种地方游玩过后，留在你记忆中的内容主要是什么
呢？是美丽的花坛吗？是婉转的鸟鸣吗？还是微风拂过的畅
意？这真的很重要。即使是同样的体验，每个人记住的东西

都是不同的。

每个人都有优先顺位。五感中视觉优先的人更容易记住看过的风景；听觉优先的人比起看过的风景，更容易记住声音；触觉优先的人，经常回想起来的是那里温暖的阳光、清风拂过的触感。即使去过同一个地方，鲜明地留在了记忆中的信息却是依据自己的优先顺位获得的。

不同的人优先顺位不同是因为他们成长的环境不一样。在声音特征突出的环境中生活过，自然会听觉优先。体弱多病的人平时对自己身体的变化很敏感，可能会触觉优先。带着成长的印记固定下来的优先顺位感，即使成年了也不会发生很大变化。

语言行为量表对照法中的"知觉通道"这个类别对这种现象进行了研究。它将人们用哪种感觉来收集、处理信息分成了四种模式。

辨别必需的问题如下。首先，你回想一下你周围"最厉害"的一个人。然后，回答下列问题。

"你是怎么知道那个人很厉害的？"

八、"知觉通道"的
四种模式

这个问题的答案可以分为四种。

第一种是"看了"那人的样子知道的。我们可以称之为
"视觉型"。或是从对方的眼神及表情，或是从对方的姿势和
举动来判断，虽然依据的身体部位不同，但重视以自己的视
觉获得的信息来判断人的优秀程度。

第二种是"听"那人说话知道的。我们可以称之为"听
觉型"。或是从对方的音色及语速，或是从对方的停顿和呼
吸来寻找依据，总之倾向于依赖听觉信息来判断对方的优秀
程度。

有一些表现比较容易混淆，回答<u>"'看'对方说话的姿态就知道了"时，应该是视觉型。</u>归根结底，是根据自己做判断时是依据自己的哪一种感觉获得的信息来进行分类。

第三种是"读了"对方的报告书知道的。我们称之为"阅读型"，这类人是最重视从阅读文章中获得信息的人。

第四种是和那人"一起共事"知道的。我们称之为"体感型"。他们行动迅速利落、机灵周到，和他们一起工作效率高。他们是一群比起依赖信息，更倾向于依靠自己对对方行为的主观感受来做事的人。

语言行为量表对照法"知觉通道"的四种模式如下：

·"视觉型"＝最信赖视觉收集信息的人

·"听觉型"＝最信赖声音解说信息的人

·"阅读型"＝最信赖自己通过阅读获取资料的人

·"体感型"＝最信赖亲身体验的人

根据知觉通道的四种模式，就能明白当你想让对方愿意听自己讲解时应该选择怎样的说明方法了。我们来看看具体的场景。

（一）基于"知觉通道"的语言选择①：让下属遵从自己

首先，请大家设想一下自己给下属或比自己晚进公司的人讲解工作的情形。怎样的教授方式能最方便让大家记住呢？

视觉型的人对看过的信息印象最为深刻。那么，给他看什么比较好呢？作为上司或者前辈的你最好实际操作一遍。看到眼前再次呈现的工作顺序，视觉型下属或公司新人便容易理解全部的工作流程了。

听觉型的人倾向于接纳靠声音来进行的解说。工作的理由、必须执行那种顺序的理由等，如果用礼貌的语言来说明这些内容，他们会很容易记住。

阅读型的人很难接受他人单方面的解说，他们倾向于通过自己找资料阅读去理解信息。多给他们些业务手册、参考资料等文字资料，促使他们自行阅读会更有效。

体感型的人是那种要自己动手才记忆深刻的类型。比起冗长的事前说明，和他们一起操作一次，或许能让他们更容易理解业务流程。

（二）基于"知觉通道"的语言选择②：让上司相信自己

接下来请大家设想自己给上司或顾客做讲解时的场景。在讲解里融入怎样的信息，才能让对方接受呢？

对方如果属于视觉型，"自己一看就懂"的信息便很重要。只要<u>准备清晰明了的数据做成的表或图形，就容易打动对方的心。</u>

对方如果属于听觉型，那么用声音来解说就很关键。<u>即便资料记录着数据，但不用声音说出来的话他也不容易记住。</u>那就把数据嚼烂了说给他听。

阅读型的人一般不会直接接受讲解人的说明。他们习惯自己阅读自己理解，所以<u>多准备些可供参考的资料或数据比较好。</u>对于这种人，他们并不一定需要正式的全盘讲解。

对于体感型的人，若只有调查结果或商品规格等数据，他们是不太容易理解具体工作的。<u>把已经做好的结果告诉他，基于实践的证据会更好地增强自己的话语说服力。</u>

（三）基于"知觉通道"的语言选择③：让顾客信赖自己

想在店里卖货怎么办？

<u>视觉型顾客容易被商品的第一印象吸引。</u>展现设计优雅的高级陈列、展示商品性能的盛大宣传都是有效的手段。

对听觉型顾客来说，<u>"店员的解说"</u>非常重要。他们容易对由声音传递的商品规格、产地等补充信息产生兴趣。

阅读型顾客对单方面的推销无动于衷。<u>递给他写满详细信息的册子，让他自己阅读、自己思考</u>是让顾客信赖自己的一条捷径。

接待体感型顾客，最重要的是<u>让他们实际接触商品、试用商品</u>。短暂地亲身体验，比单纯地看商品和听讲解能极大地提高这类顾客的购买欲。

在这四种模式中，占压倒性多数的是视觉型的人。对方是顾客的话，问问题、分析类别是相当困难的事情，所以也许可以先面向视觉型顾客打造一个方便展示的卖场，然后尝试使用别的方法去打动顾客。

九、觉得"交谈时间长很为难"的人是某某型？

第3章介绍了对话时常见的困扰表现和烦恼，如"我想问好几个问题，但对方回答一个问题的时间过长，就无法进入下一个问题环节"。如果对方是那种不依次完成1到10的问题就不满足的类型的话，在有限的时间内想完成高效倾听，有时是很辛苦的。

实际上，这类想完成整个顺序流程的人也是语言行为量表对照法所研究的类型之一。"选择理由"这个类别里，把人分成了"流程型"和"选择型"。这种"流程型"的人，正是不依次完成1到10的问题就不满足的那类人。

"选择理由"的类别中，能区分不同的人属于哪种类型的提问如下：

"你选择那个的理由是什么呢？"

针对这个提问，回答"因为 A 成了 B，这样一来，最终变成了这样"等，<u>这类在做出选择的过程中，喜欢一个个按顺序进行解说的人属于"流程型人"。</u>他们会在选择之前谨慎思考，觉得经过正确流程的选择至关重要，所以在解释自己的选择理由时，会从最开始的过程进行回忆。

打动流程型的人的语句有"手段""过程""下一个阶段""正确的方法""确实"等。这类人注重慎重规划，喜欢踏实做事，若遭遇工作方向骤然改变则会觉得难以应对。

回答"因为能发挥自己的能力""因为对我来说，某某富有魅力"等，<u>这类按自己的价值标准举例并坦率回答的人属于"选择型"。</u>

他们喜欢挑战新事物，是随机应变型的人。

打动选择型的人可以使用像"各种各样的做法""可能性""选项""机会""会如何"等，跟新的选项相关的语句。

语言行为量表对照法"选择理由"的两种类型如下：

·"流程型"= 重视正确流程的人

·"选择型"= 喜欢新选项的人

（一）基于"选择理由"的语言选择①：让下属遵从自己

在自己的下属分别是"流程型"和"选择型"的情况下，上司的管理应当怎么变化呢？

流程型的下属喜欢正确的秩序。遇到"拜托，请把这个加急！"的紧急工作，可能会因为打乱了他原本的工作秩序而导致他手忙脚乱。选项太多，反而容易使他失去干劲。

相反，这类人如果事先有人为他们做好了准备，那么即使是很辛苦的工作，他们也能认真执行。"按照这个秩序行事便很安心""沿着正确的道路前进吧"之类的语言能够发挥很好的效果。如果想给下属派发工作，那么鼓励他们<u>"如果你能用正确的方法推进工作，那怎么做就都由你决定"</u>，便能很容易地提高他们的积极性。

选择型的下属则会随机应变。突然有紧急的工作时，多数这种类型的人会觉得新颖有趣，想积极挑战。想要提高他们这类人的积极性的话，"开拓更多可能性吧""这次就为你破例了""机会来了"等言语非常有效。想交给他们重要的工作时，<u>"要多尝试各类办法，用完成可能性高的方法来做"</u>这样的措辞更能打动他们吧。

（二）基于"选择理由"的语言选择②：让顾客信赖自己

商谈以及接待顾客时，要按对方是流程型顾客还是选择型顾客来选择合适的措辞。对流程型顾客的有效的推荐方式是像<u>"这个商品按指示序号使用，操作就很简单了""如果是这个商品，那肯定没错"</u>这样的语言。向这类顾客针对性地推荐核心商品，仔细耐心地教授操作顺序和操作方法会比较容易提高他们的购买欲。

相反地，选择型顾客偏爱多种选择。像<u>"这里商品种类丰富，您可以从中选出您心仪的商品"</u>这样的销售说辞更能够打动人心。

十、适合"流程型""选择型"的油田开采法

第3章介绍了交谈对象是流程型的人时，可能遭遇一个问题的回答过长、时间不够用的风险及其应对法。基本上就是要找到谈话的"停顿"间歇，尽可能自然地打断谈话，修正谈话走向。

那么，如果对方是选择型的人该怎么办呢？实际上他们也有一些不好沟通的地方，所以也需要注意。

选择型的人倾向于基于自身价值标准简要概括性地发言。因为这样很快就能说出重要的关键词，所以看上去一目了然、浅显易懂，提问也很方便。然而，他们的"语言的省略"现

<u>象非常多见，容易生出误会。</u>

　　倾听选择型的人说话时，需要用"某某对你来说是什么呢""那个理解成这种意思可以吗"等语句来不断确认，慎重分析其背后的信息十分必要。这也正是正确实践油田开采法所要求的。

十一、使用油田开采法和语言行为量表对照法，迅速提升说话能力

本章讲解分析并活用能对每个人施加影响的"影响型语言"语言行为量表对照法的基本内容。我已经介绍了四大类别，而语言行为量表对照法共有十几个类别。有兴趣的朋友可以试着自己深入学习一下。

如果能掌握影响型语言，就能说服对方，增强自信，在交谈中占据有利地位。它是在对下属的管理、对上司的说明讲解、商务会谈及接待顾客等广大商务场合中，能够发挥重要作用的一种技巧。

我之前听过一个故事，现在还有一些印象。某位店长接

受了跟他谈辞职的临时工店员的请求。他觉得非常为难，对临时工店员说了下面的话：

"我明白你想辞职的心情。但是，我有最后一个请求。为了达成定额，你能再帮我一下吗？这是最后一次请求了，我希望你愿意把辞职的时间推迟到完成目标之后。你是能让我们达成定额所不可或缺的人才。"

这段话极大地刺激了这个临时工店员的干劲，之后那位店员留在店里继续工作了六年。

店长是学过语言行为量表对照法的人，知道这位店员属于"目的志向型"和"外部标准型"的人。于是，<u>他使用了针对目的志向型的人非常有效的"达成"这类影响型语言来进行尝试性说服。</u>外部标准型的人重视"他人的评价"，所以店长这番话不但阻止了店员的辞职意愿，还夸赞了对方<u>"因为你是不可或缺的人才"</u>。最后，他奇迹般地将局面转危为安，成功地避免了人才流失。

如果平常在公开场合和私人场合中都能倾听他人发言，掌握能打动周围人的影响型语言，就能像这样，在面对意外局面时也能发挥有效作用。

在实施油田开采法时，不仅要留心对方说过的关键词，还要组织一些能对对方施加影响的语言，这样便容易打开对方的心扉。同时熟练使用油田开采法和影响型语言，便不会在交谈中引发对方的不适，从而把握谈话的主导权。

在接下来的第5章，我将为大家展示几则同时使用油田开采法和影响型语言两种技巧的具体谈话案例。大家可以体会一下，一定会对大家的工作和生活有所帮助。

第 4 章　总结

☑ 对不同的人来说，能打动他的语言（影响型
　语言）是不同的，语言行为量表对照法能帮
　助我们区分并找到这一点。

☑ 向对方提出特定的"问题"，观察对方的措辞
　习惯，判断能影响他的语言。

☑ 使用适合对方的影响型语言，能更容易说服
　他人或请求他人办事，进而在多种场合发挥
　作用。

油田开采法的日常习惯④

▼

注意电视里他人的对话和提问

　　锻炼提问力的一个很好的训练便是观察他人谈话。"A 向 B 问了这样一个问题""B 这样回答"。看了这样真实的事例，就能切身明白"问了这样的问题，也许就能让对方吐露心声"，于是自己思考提出合适的问题的能力便也渐渐提高了。

　　在电视节目里就能找到很多"观察"素材。负责采访节目的人一般都会比普通人提问能力强。去模拟他们的提问方式、措辞表达，然后收为己用。在不断重复的过程中，你的提问力肯定能得到提高。

　　我自己也从他人的采访里学了很多东西。例如，在一个采访某位成功人士的节目里，记者问道："挑战前和挑战后，您自己感觉发生了什么改变？"那位成功人士说："我发现这样做能打破我内心的某个壁垒。我发现迄今为止我所认为的

'界限'其实是我自己给自己框定的,从那时起我拥有了觉得做什么都能成功的自信。"这些话震动了我的内心。

听了这样的交谈,<u>我感受到"'before(之前)·after(之后)'式的提问,能非常有效地引导对方吐露他们实现了某个目标的秘诀"</u>,于是之后也把它用在了自己的采访当中。

实践篇：

油田开采法和语言行为量表

对照法这时也能起作用！

一、油田开采法和语言行为量表对照法可以适用于日常的多个不起眼的场景！

第 1 章至第 3 章中讲解了油田开采法的基本法则及其关联技巧，第 4 章讲解了作为油田开采法的源流的、在多种谈话场合下发挥显著作用的语言行为量表对照法。

第 5 章将展示各种谈话场景下应用油田开采法与语言行为量表对照法的具体案例。

也许有朋友读了本书的油田开采法后会认为，"自己既不是生活顾问也不是从事新闻报道的相关人员，所以基本上没有什么机会会为了探听他人心声而倾听他人发言"。但是，油田开采法并非只在认真花时间倾听他人说话方面发挥作用。

例如，假设你是一名店员，在接待刚刚到店的顾客时，即便是在很短的时间内，油田开采法也能发挥作用。要想在短时间内用几个问题打听出顾客的需求，用容易打开对方心扉的油田开采法来提问是比较高效的做法。此外，在商务场合中说服上司、指示下属以及工作时，不是单方面地去说服别人，而是不经意间使用油田开采法了解对方的隐性需求，在此基础上再选择适用于对方的表述，会让工作进展得更顺利。

还有，<u>油田开采法和语言行为量表对照法一起配套使用是个非常棒的组合。</u>首先使用油田开采法利用对方的原话来提问，再通过语言行为量表对照法判别对方所属的性格类型，然后找出能打动对方的影响型语言，这样提出的问题就会变得容易回答，也不会让对方感到不适。

下面通过介绍五种不同场景的对话案例，来解说油田开采法和语言行为量表对照法这两种技巧如何搭配使用。

【案例①】接待刚到店的顾客

对于很多店员来说，接待的顾客多数都是之前没见过的人，在简短的交流中要找准顾客的隐性需求并不简单。但是使用了油田开采法和语言行为量表对照法这两种技能，就能做到高效倾听。

这里为大家介绍一个化妆品销售的实践案例。

案例① 探听顾客需求的场景

销售："您想找什么样的护肤品呢？"（①）

顾客："我想要改善肌肤。你有推荐的商品吗？"（②）

销售："您的皮肤是什么样的状态呢？"（③）

顾客："非常干燥。"（④）

销售："干燥吗？什么时候觉得干燥呢？"（⑤）

顾客："经常感觉很干燥。"（⑥）

销售："这样的话，我推荐您这款面霜。它会滋润肌肤，您能实际体验到这种改善。这是一款非常有人气的商品。"（⑦）

因为最开始对来店的顾客一无所知，因此销售首先从油田开采法的基本原则——"普通平淡的提问"开始切入："您想找什么样的商品呢？"（①）然后，顾客就回答了②。

<u>"我想要改善肌肤。你有推荐的商品吗？"（②）</u>

这是相当令人欣喜的回答。这里面含有丰富的油田开采法和语言行为量表对照法所需的线索和关键词。用什么表达怎样活用这两个法则呢？如果可以的话，请运用本书之前教授的内容自己思考一下吧。

通过若无其事的交流，寻找能影响对方的影响型语言

下面公布正确答案。回答②中值得注意的第一个关键词是"想要改善"。这个词可以提示我们，在语言行为量表对照法的"思考的方向性"的类别中，该顾客属于"目的志向型"。<u>目的志向型的人就是做事倾向于要得到好的结果，要达成某一目的。从"改善""想要"等关键词就能看出这位顾客想要达成某一目的的意图。</u>如果是另一种"问题回避型"的人，其措辞便多为"想要防止皮肤干裂"等明确地想要回避某些问题点的内容。

而且，<u>从对方主动靠近并询问销售人员"有没有推荐的商品"这一点，可以判断这位顾客属于"判断标准"这一类</u>

别中的"外部标准型"。这类人是那种做判断时非常重视第三者的意见、商品的人气程度、支持率等要素的人。

从这段对话中我们可以推测出能影响到这位顾客的语言类型，之后便可以灵活选择措辞了。另外，我们也可以开启油田开采法了。此时，应当深挖的与顾客的潜在需求相关的关键词，应该是与护肤品密切相关的"肌肤"这个词。于是便问了下一个问题"您的肌肤是什么样的状态呢？"（③）。

然后顾客的回答是"非常干燥"（④）。"干燥"这个词便是非常明确的关键词了。我们记住它，再按照油田开采法的法则若无其事地提问"干燥吗？什么时候觉得干燥呢？"（⑤）。一定不要忘记的一个要点是，即使使用了"干燥"这个普通词语，对不同人来说，词语背后被省略的意义和印象都是大有不同的。不要随意判断"要应对干燥问题就用这个商品"，要根据具体情况，干燥的程度和频度等，认真地倾听那位顾客的"干燥"问题。

然后顾客回答了"经常感觉很干燥。"（⑥），上一个问题引出了"干燥经常发生"这一跟频度有关的信息。这里也有语言行为量表对照法的使用可能性。"感觉"这个词，暗示着这名顾客属于"知觉通道"类别中的"体感型"人士。这样一来，在给这位顾客推荐商品时，选择与体感（触觉）相关的词语就显得非常重要了。

基于之前的对话，这位销售选择的回答是："这样的话，我推荐您这款面霜。它会滋润肌肤，您能实际体验到这种改善。这是一款非常有人气的商品。"（⑦）回答里使用的关键词是容易打动体感型这类人的"滋润""实际体验"，以及容易打动目的志向型这类人的"改善"，还有容易打动外部标准型这类人的"人气"。

那么，让我们再来看看这个例子。

【复习】

案例①　探听顾客需求的场景

销售："您想找怎样的护肤品呢？"（①）

顾客："我想要改善肌肤状况。你有推荐的商品吗？"（②）

要点："改善"一词提示该顾客是目的志向型，"推荐"提示该顾客是外部标准型。

销售："您的皮肤是什么样的状态呢？"（③）

顾客："非常干燥。"（④）

要点：干燥这个词的背后看上去隐含着"被省略的未尽

之意"，所以采用油田开采法。

销售："干燥吗？什么时候觉得干燥呢？"（⑤）

顾客："经常感觉很干燥。"（⑥）

销售："那样的话，我推荐您这款面霜。它会滋润肌肤，您能实际体验到这种改善。这是一款非常有人气的商品。"（⑦）

要点：从"感觉"一词判断这位顾客属于体感型，于是使用了容易打动这位顾客的"滋润"一词。对目的志向型顾客使用"改善"，对外部标准型顾客使用"人气"这类影响性词语。

油田开采法和语言行为量表对照法的要点 1

◎从简短的对话中也能判定可以影响对方的语言！

【案例②】倾听下属的意见，激发下属的干劲

接下来的场景是上司与下属就某个商品企划进行讨论。上司既要了解担任这个企划的下属对新商品的看法，又要给他提供建议，同时还要思考如何提升这名下属的积极性。这段对话虽然结构上有些复杂，但还是请试着站在上司的立场来阅读。

案例② 上司与下属讨论新商品企划的场景

上司："这个商品的目标人群是 50 多岁的人，所以我认为新商品看上去要稍微偏向老成稳重才容易获得口碑。"（①）

下属："稳重的设计是指怎样的一种感觉呢？"（②）

上司："例如，打出有机农业的宣传牌，或是强调在日常生活中使用便捷这些能凸显出'生活感'的东西。"（③）

下属："我认为是不是应该突出时尚感？"（④）

上司："时尚感吗？你为什么觉得这一点很重要？"（⑤）

下属："因为我感觉最近有一种趋势是很多 50 多岁的人喜欢去平常不会去的地方放松心情、享受生活，展现一个跟平常不一样的时髦的自己。"（⑥）

上司："这种趋势具体是一种怎样的表现？我能看一下你手上的数据吗？"（⑦）

下属："好的，您看。"（⑧）

上司："原来如此。那交给你自己决定吧。"（⑨）

下属提出的"稳重的设计是指怎样的一种感觉呢？"（②）这个问题，是对上司进行了油田开采法式提问的正确范例。然而，从上司的视角来看，这个发言也是可以帮我们找到关键词线索的。<u>"感觉"一词，代表的是五感中的触觉，所以这名下属属于"知觉通道"中的"体感型"</u>的可能性较大。

接下来两人进一步商讨如何做好新商品的印象企划。下属说："我认为是不是应该突出时尚感？"（④）这里，上司就有必要使用油田开采法了，因为"时尚感"这个词所代表的意思因人而异。

同时，"我感觉"④这个句式也提示了重要的线索。<u>"我感觉"这种基于自身感受的措辞，在"判断标准"一类中很有可能属于"内部标准型"。</u>他们是那种在判断事情时重视自身价值观及自我感觉的人。

然后，上司提出问题："时尚感吗？你为什么觉得这一点很重要？"（⑤）虽然上司找到了"时尚感"这个关键词，但这位上司没有问"时尚感是指什么感觉？"而是询问了"你为什么觉得这一点很重要？"。询问的内容里包含了希望<u>由"你"来说明这样判断的原因，这样的做法更容易打动内部标准型的下属。</u>

下属继续解释，于是上司便听到了"因为最近有一种趋势就是……"（⑥）这个回答。它更为靠近下属内心真实的声音了，上司要的就是这种回答。因此，上司后来提出看数据的要求便顺理成章了。而上司还注意到了在"我能看一下你手上的数据吗？"（⑦）这个提问中使用了容易打动内部标准型人群的"你"这个影响型词语。

最后，上司以"交给你自己决定吧"（⑨）作为结尾。<u>因为下属是内部标准型的人，所以放手让他自己做决定会提高对方的工作积极性。</u>

试着以下属的视角来进行修正的话……

我们刚才是站在上司的视角看的，那么这次我们将站在下属的视角学习一下刚才的那段对话。上司最初的发言"看上去要稍微偏向老成稳重"（①）中<u>突然出现的"看上去"一词，提示上司属于"知觉通道"一类中的"视觉型"。而"获得口碑"（①）这部分，极大可能提示上司属于"外部标准型"。</u>

下属如果能意识到这件事，就能想到外部标准型的上司重视的"客观的数据及第三者的意见"，也能预想到视觉型上司更容易接受"亲眼所见的信息"。因此，在刚才那段对话中，虽然上司提出了要看数据，但若自己先提出"我给您看数据"的话，也许就会给上司留下一个做事得力的好印象。

那么，我们来复习一下这个案例吧。

【复习】

案例②　上司与下属讨论新商品企划的场景

上司："这个商品的目标人群是50多岁的人，所以我认为新商品看上去要稍微偏向老成稳重才容易获得口碑。"（①）

<u>要点：从上司说的"看上去"判断其为"视觉型"，从"获得口碑"判断其为外部标准型。</u>

下属："稳重的设计是指怎样的一种感觉呢？"（②）

<u>要点：从"感觉"一词判断下属是体感型。</u>

上司："例如，打出有机农业的宣传牌，或是强调在日常生活中使用便捷这些能凸显出'生活感'的东西。"（③）

下属："我认为是不是应该突出时尚感？"（④）

上司："时尚感吗？你为什么觉得这一点很重要？"（⑤）

<u>要点：从下属说的"我感觉"判断其有可能为内部标准型。上司一边使用容易打动内部标准型的"你"一词，一边对"时尚感"一词进行油田开采式深挖。</u>

下属："因为我感觉最近有一种趋势就是很多50多岁的人喜欢去平常不会去的地方放松心情、享受生活，展现一个跟平常不一样的时髦的自己。"（⑥）

上司："这种趋势具体是一种怎样的表现？我能看一下你手上的数据吗？"（⑦）

要点：对"倾向"一词使用油田开采法。对内部标准型的人使用"你"来进行提问。还有，因为上司是视觉型的人，所以下属要预判自己可能会被问到的数据问题，因此最好由自己主动提出给上司看数据。

下属："好的，您看。"（⑧）

上司："原来如此。那交给你自己决定吧。"（⑨）

要点：内部标准型的人听到"交给你自己决定"的话会更容易提高工作积极性。

油田开采法和语言行为量表对照法的要点 2

◎在油田开采式提问中使用能打动对方的影响型语言，效果会翻倍！

【案例③】给正在焦虑的新员工的建议

一下子就能直击对方内心的就是影响型语言

下面的对话场景是职场前辈倾听工作中遇到问题的新员

工讲述烦恼的现状并给予新员工应对建议。遇到问题的新员工现在正处于烦恼之中。我认为，要尽量使用容易打动他的、适合他的影响型语言，然后使用油田开采法提问。这样做，新员工也容易重整心情。

案例③　老员工为新员工遇到的问题提供建议的场景

新员工："不好意思。现在原料不足，无法供应生产需求，我真的很苦恼……"（①）

前辈："无法供应生产需求是怎么回事？"（②）

新员工："从外国进口原料，在调配上需要花费时间。前些天的需求供给会上为了避免发生不可预料的状况我提醒过这件事，但又想着必须重视营业部门的意见，就没有对现有的产量目标提出异议……"（③）

前辈："你有表示过想要避免这一事态发生对吧？"（④）

新员工："是的……"（⑤）

前辈："那就只能请营业部帮忙应对了。想要避免这个问题，就听听会场上其他人的意见，再寻找一个提出异议的切入点比较好。"（⑥）

首先，老员工收到新员工的报告中提到的状况是"原料不足，无法供应生产需求"（①）。或许是有些焦急吧，他的解说并不清晰。于是，老员工使用了油田开采法，用新员工说过的原话，提出"无法供应生产需求是怎么回事？"的问题。顺带说一下，油田开采法中需要的关键词不局限于词语，有时还包括"无法供应需求"这样的语句。

不是一味地盘问"发生了什么"，而是<u>通过原样重复关键词，传递给对方一种"我正在冷静地听你说"的信号</u>。这是油田开采法的一大效果。

然后对方就开始仔细地讲述"从外国进口原料，在调配上需要花费时间"（③）这个缘由。之前就发现原料进口有延迟的迹象，但因为营业部门非常强势，所以才没能及时调整生产量从而造成了现在的问题。

了解了事情原委，后面就必须让新员工平复下来，帮助他做出合适的应对。这里，老员工也注意到了新员工的其他发言。大家也可以找一找在下面的发言中是否含有提示能够使用语言行为量表对照法的关键词。

新员工："从外国进口原料，在调配上需要花费时间。前些天的需求供给会上为了避免发生不可预料的状况我提醒过这件事，但又想着必须重视营业部门的意见，就没有对现有的产量目标提出异议……"（③）

怎么样，找到了吗？

首先，容易辨别的一点就是<u>"'想要避免'不可预料的状况"中的"想要避免"这个词，它是一个帮助我们判别这位新员工是属于"思考的方向性"一类中的"问题回避型"人士的关键词</u>。这类人在面对自己责任范围内发生的纠纷时，一般没法做到淡定稳重。

而且，<u>从"必须重视营业部门的意见"这点来看，可以推测他属于"判断标准"一类的"外部标准型"</u>的人。他不是因为自己心中坚定的价值观，而是基于第三方的意见及客观数据来判断的那一类人。

所以老员工问他："你有表示过想要避免这一事态发生对吧？"（④）"想要避免"是对方的原话，通过直接使用对方的原话，给对方传递"我认真听了你说的话"这个信息。这样就一下子进入了对方的内心，这样的油田开采法在引导对方吐露心声之外，还能有像类似该案例的安抚作用等作用。

老员工最后的建议（⑥）中也出现了适用于新员工的影响型语言。"想要避免这个问题……"这种措辞是针对问题回避型的影响型语言。"听听他人的意见……"这一部分是针对外部标准型人群的影响型话语。

老员工想要给对方的建议是"既然营业部门是原因所在，那么把问题丢还给营业部门即可"，但外部标准型的新员工势单力薄难以支撑，于是老员工继续提醒"就听听其他人的意见"，以这种方式完成了建议。

那么，我们再来回顾一下这个案例。

【复习】

案例③　老员工为新员工遇到的问题提出建议的场景

新员工："不好意思。现在原料不足，无法供应生产需求，我真的很苦恼……"（①）

老员工："无法供应生产需求是怎么回事？"（②）

新员工："从外国进口原料，在调配上需要花费时间。前些天的需求供给会上为了避免发生不可预料的状况我提醒过这件事，但又想着必须重视营业部门的意见，就没有对现有的产量目标提出异议……"（③）

要点：从"想要回避"来判断这名新员工属于问题回避型人士，从"重视营业部门的意见"这点来判断他属于外部标准型人士。

老员工："你有表示过想要避免这一事态发生对吧？"（④）

要点：为了让新员工冷静下来，老员工使用了新员工原话中的关键词，展示出聆听了对方发言的态度。

新员工："是的……"（⑤）

老员工："那就只能请营业部帮忙应对了。想要避免这个问题，就听听会场上其他人的意见，再寻找一个提出异议的切入点比较好。"（⑥）

要点：向作为问题回避型的新员工提出"想要避免这个问题"，向作为外部标准型的他提出"听听其他人的意见"的建议。

油田开采法和语言行为量表对照法的要点 3

◎通过使用影响型语言及用原话提问来安抚对方！

【案例④】对管理中遇到的突发状况有帮助

下面介绍的是上司做管理工作时的对话场景。因为工作布置得急，上司需要立刻交给下属一份"紧急工作"。然而，在这种交代紧急工作的时候，若不了解对方属于哪种类型的话，上司的任务便不会那么顺利完成。

案例④　想给下属分配紧急工作的上司

上司："你能接一下这份工作吗？"（①）

下属："我现在正在写 A 公司的调查报告书……"（②）

上司："你在写调查报告书吗？现在进展到哪里了？能不能同时进行呢？"（③）

下属："现在才刚刚开始，同时进行的话应该不太可能。"（④）

上司："那么，等你的报告书告一段落后，再做这份工作可以吗？"（⑤）

下属："好的。等手头上的这份报告告一段落，我再跟您请示。"（⑥）

语言行为量表对照法的"选择理由"这一类别里，把人分为"流程型"和"选择型"两种模式类型。选择型的人即便被突然委任新工作也能灵活应对，而流程型的人因为重视正确的流程步骤，因此面对突然的工作安排容易被打乱步调而手忙脚乱。

而一个懂语言行为量表对照法的上司，则提出了"能不能同时进行？"（③）的问题。"同时"这个词实际上暗示了"两者都可以做"的意思，是容易对选择型的人产生影响的语言。上司为了确认突然给这名下属分配紧急工作时下属的接受度，特意使用了针对选择型人群的语言。

而下属的反应是"同时进行的话应该不太可能"（④）。这不是选择型的人习惯说的话，由此可以判断这名下属属于流程型人士。于是，上司换成了"告一段落后……"（⑤）。适用于流程型人群的影响型语言是"顺序""步骤"等词，使用能够提示顺序的"告一段落"这个词有可能打动对方。

对此，下属也回以"告一段落后……"来进行应对。由此更加确信他确实属于流程型人士。即使是同一个工作安排，根据下属的类型来更换提要求的语言，下属会更容易服从。

【复习】

案例④　给下属分配紧急工作的上司

上司："你能接一下这份工作吗？"（①）

下属："我现在正在写 A 公司的调查报告书……"（②）

上司："你在写调查报告书吗？现在进展到哪里了？能不能同时进行呢？"（③）

要点：为了判断对方是流程型还是选择型人士，上司特意使用"同时"这个适用于选择型人群的表述，然后根据观察下属的接受程度判断其为流程型人士。

下属："现在才刚刚开始，同时进行的话应该不太可能。"（④）

上司："那么，等你的报告书告一段落后，再做这份工作可以吗？"（⑤）

下属："好的。等手头的这份报告告一段落，我再跟您请示。"（⑥）

要点：因为确认了下属是流程型人士，便选用容易打动这一类型人士的"告一段落"这种表述。

油田开采法和语言行为量表对照法的要点 4

◎交谈时选择适用于对方的影响型语言，即使是难办的工作也能轻松地交代下去！思考能分辨对方属于哪种类型的提问吧。

144

【案例⑤】灵活改变待客方法

本章最后一个对话案例是家电卖场的销售场景。同案例①一样，光临门店的顾客是第一次来，所以销售人员不知道对方是适用哪种类型语言的人士。但是，只要认真倾听对方说过的话，尽早分辨出对方属于哪种语言类型的人士，就能在接待顾客的场合适时切换合适的语言表述了。

案例⑤　接待顾客时沟通不顺的场景

店员："您需要什么商品？"（①）

顾客："我想要冰箱。"（②）

店员："您想要什么样的冰箱？"（③）

顾客："小巧简单的冰箱。"（④）

店员："小巧简单的对吗？简单是指功能简单吗？还是指设计简洁呢？"（⑤）

顾客："功能简单便于操作的。"（⑥）

店员："那么，我向您推荐这款商品。这个冰箱能长时间保鲜，冰箱整体制冷效果良好……"（⑦）

顾客："……"（⑧）

店员："还有，它的快速冷却系统也……这款冰箱操作简单使用便捷，而且型号和颜色也很丰富。"（⑨）

顾客："选择项多真好。"（⑩）

店员："是的。型号是从〇~△，有四种颜色可供选择。"（⑪）

一名想买冰箱的顾客。因为是店员主动询问，所以店员对顾客的信息、对顾客属于哪种类型都一无所知。所以，保守做法是一开始便使用油田开采法，直接提问"您想要什么样的冰箱？"（③）。

然后顾客回答："小巧简单的冰箱。"直接接"原来如此，简单的冰箱在这边……"这样的回答来推荐商品就很轻率。<u>"简单的"冰箱，可能指的是不带冗余功能的冰箱，也可能指的是外观简洁大方的冰箱。</u>请记住，词语背后存在着庞大的"被省略的信息量"。

而且，从④这种坦率的回答可以推测，这名顾客属于"选择理由"类别中的"选择型"人士。这种人习惯简明扼要、直截了当地说话，但因为他们大多拥有一套自己的价值标准，所以经常出现语言的省略现象。

　　为了弄清顾客说的那个词的意思，店员追问简单指的是功能简单还是设计简洁（⑤）。然后得到了顾客的真实想法——"功能简单"（⑥）。这样一来，店员选择推荐的商品的标准就很明确了，接下来也能很顺利地开始推荐和介绍商品（⑦）。

　　但是，顾客没再给出什么反应"……"（⑧），于是店员更换策略继续努力。<u>对于选择型的顾客来说，面面俱到地耐心讲解不太容易打动他们。</u>但因为店员自己就是流程型人士，倾向于这样介绍，所以不自觉地就说了很多。

　　打动选择型顾客的推销话术，重在直截了当地介绍和"选择多样"的口号宣传。所以，原样使用顾客自己的表述，强调"简单"这一点，再由此引出"型号和颜色都很丰富"（⑨）的宣传介绍。换成这样的方法，就能顺利地使顾客动心了。

【复习】

案例⑤　接待顾客时沟通不顺的场景

店员："您需要什么商品？"（①）

顾客："我想要冰箱。"（②）

店员："您想要什么样的冰箱？"（③）

顾客："小巧简单的冰箱。"（④）

要点：因为回答直截了当，于是判定顾客可能属于发言时容易出现信息省略现象的选择型人士。所以就有必要就"简单"一词的意思使用油田开采式深挖。

店员："小巧简单的对吗？简单是指功能简单吗？还是指设计简洁呢？"（⑤）

顾客："功能简单便于操作的。"（⑥）

店员："那么，我向您推荐这款商品。这个冰箱能长时间保鲜，冰箱整体制冷效果良好……"（⑦）

顾客："……"（⑧）

店员："还有，它的快速冷却系统也……这款冰箱操作简单使用便捷，而且型号和颜色也很丰富。"（⑨）

要点：因为店员自己是流程型人士，所以不自觉地开始进行面面俱到地详细介绍了。但这样的方式不容易打动选择型顾客。他中途意识到这一点后立刻改变策略，换成选择型人群喜欢的直接说明的方式，重点宣传"选择多"这一点。

顾客："选择项多真好。"（⑩）

店员："是的。型号是从○～△，有四种颜色可供选

择。"（⑪）

　　要点：继续强调"选择多"这一点。

油田开采法和语言行为量表对照法的要点 5

　　◎接待顾客时，只要能从对方的语言细节上发现适用于他的影响型语言，就能随机应变地转换为容易打动对方的销售话术。

｜二、措辞的选择决定对话的成败

　　本章基于五篇对话案例，展示了油田开采法和语言行为量表对照法，在单纯倾听之外的各类应用场景中发挥的重要作用。经常倾听他人说话，使用油田开采法寻找关键词，思考能够打动对方的影响型语言。只要形成了这个习惯，无论是在商务场合，还是在日常生活中，它都能发挥重要作用，丰富大家的生活。

　　到第 5 章为止，我基本介绍完了本书想要为大家介绍的说话技巧。在接下来的第 6 章，我想介绍到目前为止与所学的一些技巧相互搭配的应用案例，同时再介绍一些相关联的技巧来丰富大家的谈话内容。

第 5 章 总结

- ☑ 油田开采法和语言行为量表对照法在一起搭配使用，更容易打开对方心扉。

- ☑ 油田开采法不仅能听到对方的心声，对安抚对方也很有效。

- ☑ 若不知道对方属于语言行为量表对照法的哪种类型，先假定其为某一种类型的人进行攀谈，观察对方反应后再不断修正谈话走向即可。

油田开采法的日常习惯⑤

▼

记录手机里偶然看到的"影响型语言"

平常通过接触各类语言表述来提升词汇运用能力的方法也能提高提问力。智能手机是一个有效的工具。除了新闻词汇，在脸书① （Facebook）和照片墙（Instagram）这些社交软件上的投稿也是词汇的宝库。广泛浏览阅读后，把觉得惊艳、能打动人心的内容记录下来吧。我经常在备忘录软件上记录能用于附和及建议时的积极性词汇。接下来，我为大家介绍自己最近记录的一些语言。

◎运动员羽生结弦（Yuzuru Hanyu）（2022 年北京冬季奥林匹克运动会）

"麻烦，但也是机遇。"

---

① 脸书现已改名为元宇宙（Meta）。——编者注

安慰处于低谷的人时，可以在"确实难办啊"的后面用上这句话。"机遇"是省略性的语言，我们可以结合状况追加"具体的机遇"来安慰。例如，"麻烦结束后，就可以迈入下一个台阶的机遇"等。

◎心理学家阿尔弗雷德·阿德勒（Alfred Adler）

"我们不是环境以及过去的牺牲者，我们有创造命运的力量。你人生的主人公就是你自己。"

这是能打动语言行为量表对照法中提到的内部标准型人群的影响型语言。如果对方属于外部标准型人士，加上下面的话会更好："请你想一下你想成为怎样的人。"

◎巴布罗·毕加索（Pablo Picasso）的名言

"只要认为自己能成功就一定会成功，认为自己不能成功就不会成功。这是不可动摇的绝对法则。"

例如，上司对软弱的下属说了这句话。比起让下属认为这句话是上司自己说的，上司若告诉下属自己引用的是毕加索的名言，则会给这名下属留下更为柔和的印象，下属也会更容易接受。

第 6 章

提升篇：

成为高水平交流者的说话诀窍

| 一、交谈的重点不只在措辞

你听说过"梅拉宾法则"吗？它是由美国心理学家阿尔伯特·梅拉宾（Albert Mehrabian）提出的法则，即你留给他人印象的重要因素中，外表、服装、姿态、表情等视觉信息占据了55%的比例，剩下的38%包括音色、音量、语速等听觉信息，而话语内容及词语选择等语言信息只占7%（图6-1）。梅拉宾法则常被人提及的一点就是"比起说话的内容，视觉所见才是形成他人对自己印象的关键"。

视觉、听觉、语言信息相互矛盾时到底重视哪一个？

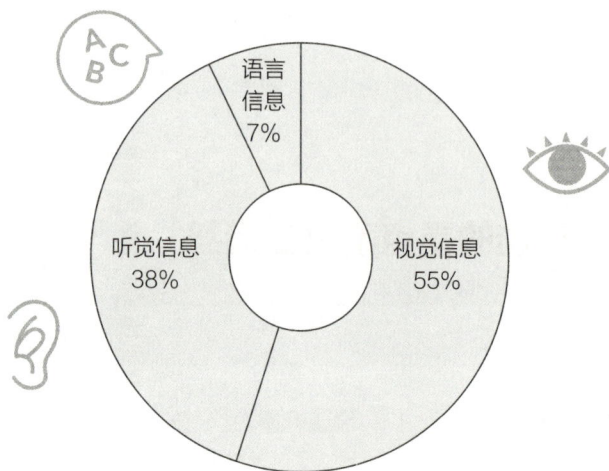

图 6-1　梅拉宾法则

来源：阿尔伯特·梅拉宾的《无声的信息》（*Silent Messages*）。

　　这个法则是在"愤怒着说'喜欢'""笑着说'讨厌'"这种在视觉、听觉、语言信息上相互矛盾的状况下，人们到底更重视哪种信息的实验中得出的结论。它并不意味着所有情况下"眼前所见都决定着对方的一半以上的印象"。但即便如此，对他人的印象不是取决于谈话内容和措辞，而是很大程度上取决于视觉信息和听觉信息，这一点是毋庸置疑的。

　　于是，在本书的最后一章——第 6 章中，我将介绍一些技巧，来帮助人们掌控交谈的氛围，并给对方留下好印象。只要能将油田开采法与语言行为量表对照法搭配运用好，就能听懂对方心声，从而打动对方。

二、关注"空间"，营造让人放松说心里话的环境

和对方进行重要的交谈时，与"如何说话"同等重要的是"在哪说话"，也就是说话场所的选择非常重要。

与工作对象交谈时多数情况下是选择某个会议室，但若想听到对方心声，就要选择一个更容易打开对方心扉的场所。很多时候放弃工作场合，选择前往更为放松的咖啡店，更能成功地听到对方吐露心声。让对方选择一个气氛轻松的咖啡店，或是选择一个跟平常工作环境不一样的地方都是很好的办法。

当然，在咖啡店交谈时，周围是有他人存在的。若谈论

的内容是需要保密的话题，选个包间也不错。若谈论的内容没有那么机密，则周围人的声音也许更有让人精神放松的效果。大家平常应该也有过在"过于安静的房间"里反而无法放松下来的经历吧？人声鼎沸的店虽然也可以，但顾客稀疏的安静的咖啡店是更容易引导对方吐露心声的环境。

还有，你要稍微注意一下这家店的装修是否过于复杂。很多人喜欢一些特立独行的氛围，但在引导对方吐露心声时却不太适合。人们边思考边说话时，头脑中会浮现视觉性的景象。装饰过多、装修风格过于强烈的店铺，会形成妨碍思考的负面的视觉信号。

并且，在公司间的"商谈"场合，比起能够引导对方吐露个人心声的环境，己方更熟悉的、更能够掌握主动权的环境才是最为理想的。

高水平交流者的谈话技巧 1

◎在适度嘈杂的能让人放松精神的环境中，人们更容易吐露心声。注意不要选择装修风格杂乱的店！

三、能让对方轻松发言，提升提问效果的"声调"和"语速"

交谈时，不仅有谈话内容和语言的选择，声调和语速也具有重要意义。刚才介绍的梅拉宾法则中也提到，语言信息只占 7% 的比例，而声调等听觉信息占 38% 的比例。

<u>声调和语速是"接近对方"的基础。</u>对方的声音若是高亢明亮的，那么用低沉的声音提问就不容易与对方在谈话上合拍，当然也不容易引导对方吐露心声。

在自己的声音低沉、对方的声音高亢的场合下，就要有意识地提高声调，注意嘴角上扬笑着说话。我把这称为"笑音"。相反，对方若是声音低沉的人，那么用高昂的声音提

问，也不容易打动对方，所以这种情况下就得注意尽可能地放低自己的声音。

而且语速，也就是说话的速度也很重要。面对缓慢说话的人你的语速也要放慢，而面对说话快的人你也要加快语速，否则交谈就会出现不顺。

像这样，为了配合交谈另一方的声调和语速，自己最好勤练各种声调和语速。<u>一个比较好的练习方法就是，一边看电视，一边反复模仿电视里的人的说话方式做跟读训练。</u>如果不发声，不试着体会真实的声音节奏的话，是难以掌握这项技巧的。

若你想通过练习让自己的声音变得低沉，就去学习新闻主播的说话方式；想让自己的声音变得高昂，就去模仿综艺节目里单口相声师傅的相声表演，这样的练习会较为高效。

高水平交流者的谈话技巧 2

◎尽量接近对方的声调和语速！

四、营造轻松谈话
氛围的"停顿"法

很多人害怕交谈中突然安静。但是，有时候制造一个"停顿"的间歇，反而能打开对方心扉。

为了不让谈话出现沉默而不停附和，就容易被他人误会成"以敷衍的态度在倾听"。如果附和的话语太单调，这种印象就会增强。然而，比如对方说了让人十分信服的话时，停顿一下发出感叹的声音，会让对方觉得"自己讲话的内容被认真倾听了"。

我在 NHK 当主播时就注意到了这一点。因为主播的影像需要后期剪辑，所以主播都被要求在交谈时尽量不要发出附和的声音。我自己是觉得因为"在电视里播放没有办法"必须遵守。但是在采访时我却意外地注意到"停顿"更容易使对方打开话匣子。

不出声，只靠眼神交流和点头附和也是一种很棒的应对方式。听到精彩之处便深深点头，在心底回味对方的言论后徐徐说一句"原来如此"……像这样熟练地使用"停顿"，肯定能给对方留下良好的印象。

高水平交流者的谈话技巧 3

◎直觉谈话进行到"就是这里！"时，用"停顿"代替附和会更有效果！

五、记住那些能增进对方情感的附和方式

在第 3 章，为了摆脱"原来如此""啊……"等单调的附和，我介绍过"原样重复对方的话语"来附和。即便如此，若一味地只重复对方的话语，也只是另一种单调。如果有可能的话，尽量让这些重复显得更为偶然，更富有变化。

效果良好的附和性语言，是那种能"增进对方情感"的语言。具体来说，是能让对方感到"被认可""被赞美""被宽慰""被鼓励"的语言。

"增进情感"的附和性话语清单

① "认可" 式附和

"那挺好""能理解""明白了""你的意见是……对吧?"

② "赞美" 式附和

"太棒了""完美""尊敬的""骄傲"

③ "宽慰" 式附和

"那真是太难了""你辛苦了""你真的很努力"

④ "鼓励" 式附和

"我支持你""一定会顺利的""没关系""是你的话一定

会坚持下去的"

这四类语言之所以有效，是因为它能提高对方的 "自我重要感"。人类所有欲望中最强烈的是 "被认可""被赞美""被宽慰""被鼓励" 这样的能增进情感的语言。

附和是不假思索地瞬间说出口的词句，所以平时不经常练习的话是说不出来的。每天看一遍清单，一定要记得现实的对话里尽可能地多练习使用。

高水平交流者的谈话技巧 4

◎让增进对方情感的附和性表述变得更为丰富多样!

六、无障碍式的"行为"
也效果惊人！

你知道"无障碍式沟通技巧"吗？"障碍"指语言，"无障碍式沟通技巧"又称为"非语言沟通技巧"，是指谈话中使用除语言符号以外的表情、姿势等与对方进行沟通的技巧。这种技巧给人的印象是更容易与对方沟通。

它的基本内核是能引起对方情感共鸣的表情与行为。例如，听到对方的兴奋之言就睁大眼睛，听闻悲伤之意则敛目低头，这样能向对方传达自己的共情。此外，姿势也很重要。对方认真讲话时，自己微微前倾，表现出认真倾听的姿态。<u>只要让对方认为自己跟他合拍，就容易让其吐露心声。</u>

"倾听姿势"也很奏效。在与人面对面时，像说悄悄话一样<u>头颅凑到一起，两人的上半身凑成个"八字"</u>，特别能增加彼此的亲近度。

高水平交流者的谈话技巧 5

◎与对方共情的表情和姿势非常奏效！

第 6 章　总结

☑ 咖啡店要选装修简单、让人放松平和的场所，
　这样才容易让对方吐露心声。

☑ 使自己的声调、语速接近对方，能让对方打
　开话匣子。

☑ 灵活使用附和与停顿，能给对方留下更好的
　印象。

后　记

非常感谢您读完本书。

油田开采法是我在 27 年的采访生涯里总结的方法，是能与其他新技巧搭配使用的原创法则。如果能为经常苦恼于交谈不畅的朋友找到沟通不畅的原因，并提供一些诸如"适用于每个人的影响型语言是不同的"这样的解决思路，我就十分开心了。

对话由提问推进。理解对方说的话，就能了解对方的想法和价值观。重要的是，无论对方是什么人，你都能关注和接近。这样也会更进一步加深双方的了解。本书所传授的知识是可以立刻用于实践的，所以大家一定要在日常生活中去尝试使用。坚持这样做，你一定能够对那些对话走向及对方的反应变化有更深刻的体验。

而且我相信油田开采法是特别适用于未来时代的法则。近年来，社会上网络办公等线上交流的手段急速增加。这两年间，我一边适应这些状况一边感受到的是"网络会议非常适合研究对方的话语"。

网络会议因为视野局限在电脑端画面上，比起面对面说话更缺乏视觉信息，而且它也缺乏能让人感到所有人都在同一场所的氛围感这种触觉信息。但是，它却能清晰传递对方的声音这样的听觉信息。这种情况更容易让对面的人将注意力集中到"话语"本身。

面对面交谈时产生的视觉信息和触觉信息会成为干扰聆听方发言的因素。而在这一点上，我认为网络会议比面对面交谈更具优势。在线上交流更为普及的当今社会，油田开采法则能够发挥更大作用。

最后，谨借本书出版之际，请允许我向《日经 XWOMAN》的主编片野先生，以及本书的编辑——副主编臼田先生表达衷心的感谢。

牛窪万里子